Paul Goldberger Wolkenkratzer

Paul Goldberger

Wolkenkratzer

Das Hochhaus in Geschichte und Gegenwart

Deutsche Verlags-Anstalt
Stuttgart

Aus dem Amerikanischen
übertragen von
Nora von Mühlendahl-Krehl

CIP-Kurztitelaufnahme der Deutschen Bibliothek

Wolkenkratzer : d. Hochhaus in Geschichte u.
Gegenwart / Paul Goldberger. Aus d. Amerikan.
übertr. von Nora von Mühlendahl-Krehl. –
Stuttgart : Deutsche Verlags-Anstalt, 1984.
Einheitssacht.: The skyscraper
ISBN 3-421-02813-3

NE: Goldberger, Paul [Bearb.]; EST

Umschlagentwurf: Hans-Peter Willberg, Eppstein
Satz und Druck: Wagner GmbH, Nördlingen
Printed in Germany

Inhalt

Vorwort

Kein Buch ist das ausschließliche Werk einer Person, und eines, das Fotos enthält, bedarf in besonderem Maße der Unterstützung durch andere. Dieser Band ist darin keine Ausnahme, und es ist mir eine Freude, hier jenen zu danken, die mir Hilfe geleistet haben. Carter Smith hatte die Idee zu diesem Projekt, seine Mitarbeiter bei der Firma Media Projects Inc. übernahmen unter der Leitung von Sarah Jones und Ellen Coffey die Hauptarbeit des Sammlens von Fotos. Ann Close redigierte nicht nur den Text, sondern beteiligte sich freundlicherweise auch an der Suche nach Bildern. Ich bin ihr besonders dankbar für ihre ständige Ermunterung während der ganzen Arbeit. Der Prozeß des Sammelns brachte die Bildersucher in Kontakt mit einer Anzahl von Leuten und Institutionen, die in ungewöhnlicher Weise ihre Zeit und ihren Rat zur Verfügung stellten: Dazu gehörten Richard Whittingham, Cervin Robinson, Ezra Stoller, David Dunlap, Richard Wurts von der Firma Wurts Brothers, das Museum of the City of New York, die Chicago Historical Society, das Rockefeller Center und die Library of Congress. Die Chance, die großartigen Archivfotos von Irving Underhill und Wurts Brothers zu benutzen, war ein besonderes Privileg.

Ich habe weitere Dankesschulden abzutragen, von denen einige in die Vergangenheit zurückreichen: an Vincent Scully, dessen Auseinandersetzung mit der Rolle des Eklektizismus in der Hochhausplanung meine Arbeit beeinflußt hat; an die Studenten der Architekturabteilung der Yale University, deren Hochhausentwürfe unter Cesar Pelli im Jahre 1979 meine eigenen Vorstellungen klären halfen. In jüngster Zeit lieferte Christopher Gray vom Office for Metropolitan History intelligente und effektive Forschungsergebnisse. Vance Freymann und Jonnel Raab schrieben das Manuskript ab. Peter Katz von der Firma Whitehouse & Katz beteiligte sich erst später an dem Projekt und führte es durch seinen Beitrag zu einem erstaunlich guten Schluß. Das Buch hätte seine gegenwärtige Form nicht ohne seine Mitwirkung erreichen können. Noch einmal muß ich Ann Close für die so großartige Koordination der vielen Teile dieses Unternehmens danken. Und im Verlauf meiner Arbeit machten meine Frau Susan und mein Sohn Adam mir das wertvollste Geschenk: ihre Ungeduld.

Einführung

Dies ist eine Geschichte und ein Kommentar der bedeutendsten amerikanischen Bauform: des Wolkenkratzers. Es ist aber mehr Kommentar als Geschichte, da es kaum notwendig erscheint, die bereits vorhandene ausgezeichnete Forschung über die Anfänge des Hochhauses im 19. Jahrhundert und über die großen Baudenkmäler, die im 20. Jahrhundert entstanden sind, um eine weitere Arbeit zu vermehren. Dieses Buch unterscheidet sich jedoch von den meisten früheren Beiträgen in der Bewertung der Bauten. Ich bin mindestens ebenso beeindruckt von den flamboyanten, eklektischen Wolkenkratzern, die von den theatralischen Impulsen New Yorks inspiriert wurden, wie von den strengeren, intellektuelleren Hochhäusern Chicagos. Daher wird ersteren hier ein wesentlicher Anteil an Aufmerksamkeit gewidmet. Meine Absicht ist es jedoch nicht, die Bühnenkulissen der zwanziger Jahre auf Kosten der Glaskisten der fünfziger Jahre zu loben, ebensowenig wie die Traditionen der einen Stadt gegen die der anderen auszuspielen. Vielmehr sollen alle Phasen der Hochhausentwicklung in nur einer Abhandlung zusammengefaßt werden. Es ist alles Bestandteil nur einer Geschichte: von Sullivans ernsthafter Suche nach einem neuen Hochhausstil in Chicago in den neunziger Jahren des vorigen Jahrhunderts bis zu Philip Johnsons und John Burgees verblüffender Anwendung klassizistischer Formen in Hochhäusern der achtziger Jahre.

Das zentrale Thema hier ist der amerikanische Wolkenkratzer. Damit ist keine nationalistische Parteinahme verbunden – es ist einfach eine Tatsache, daß die bedeutendsten oder interessantesten Hochhäuser von amerikanischen Architekten entworfen und auf amerikanischem Boden errichtet wurden. Ebenso wie eine Geschichte des Musiktheaters im 20. Jahrhundert vorwiegend eine Geschichte des amerikanischen Musicals ist, so erscheint das Hochhaus als eine Bauform, die auf dem amerikanischen Kontinent geboren wurde und sich hier am besten entwickelte. Es gibt einige wichtige Hochhäuser, die von amerikanischen Architekten im Ausland erbaut wurden – Ioh Ming Peis Oversea Chinese Bank in Singapur ist wahrscheinlich das schönste neuere Beispiel dafür –, aber dies sind seltene Ausnahmen. Selbst die besten Bauten von nicht amerikanischen Architekten wie Gio Pontis Verwaltungsgebäude der Firma Pirelli in Mailand oder die phantasievollen neuen japanischen Hochhäuser scheinen nur eine periphere Rolle in der Entwicklung der Bauform des Wolkenkratzers zu spielen. Und die meisten anderen nicht amerikanischen Hochhäuser, etwa der Maine-Montparnasse-Bau und La Défense in Paris, sind lediglich mediokre Imitationen der amerikanischen Nachkriegsbauten. Daß diese amerikanischen Hochhäuser teilweise auf theoretische Modelle zurückzuführen sind, die von Europäern entwickelt wurden, ist wichtig – eine Ironie des Schicksals –, aber es trägt wenig dazu bei, ein reales Interesse an den neueren europäischen Bauten zu entzünden.

Die Betrachtung in diesem Buch ist primär ästhetischer Natur. Die Technologie des Hochhauses ist an anderer Stelle hinreichend beschrieben worden, obgleich diese Entwicklung natürlich weitergeht. Für Bauten wie das World Trade Center in New York, der Sears Tower in Chicago und das American Telephone and Telegraph Building, das sich in New York im Bau befindet, ist die kreative Leistung der Ingenieure ebenso entscheidend, wenn nicht sogar wichtiger als die der Architekten, welche die Formen der Gebäude entwarfen. Auf die technischen Aspekte der Hochhäuser nehme ich Bezug, aber sie werden nicht im

Detail behandelt. An dieser Stelle muß allerdings erwähnt werden, daß der gegenwärtige Trend zu differenzierten Formen an die Bauingenieure beachtliche Anforderungen gestellt hat, und die Statiker sind nicht vor der Aufgabe zurückgeschreckt, einen Weg zu finden, um fast jeder Form, die Architekten in den vergangenen Jahren erdacht haben, physische Realität zu verleihen.

Die Stadtplanung ist ein weiteres Thema, das nicht völlig von der Ästhetik des Hochhauses zu lösen ist: Ohne übergeordnete Planung ist der schönste Wolkenkratzer von geringem städtebaulichem Wert. Es gab schon um die Jahrhundertwende Warnungen davor, die Städte zu dicht zu bebauen; diese Kritiken werden im ersten Kapitel diskutiert. Die Debatte wurde in den zwanziger Jahren erneuert, wie in Kapitel 5 nachzulesen ist. Die Akzeptanz des Hochhauses wurde häufig mit einer Anerkennung der Stadt an sich gleichgesetzt. Frank Lloyd Wright, ein bekannter Gegner der traditionellen, dicht bebauten Stadt, argumentierte, daß Hochhäuser, wenn überhaupt, auf dem Lande errichtet werden sollten. Jahre später schrieb Lewis Mumford mit besonderer Eloquenz über die Gefahren des Zusammendrängens zu vieler Gebäude auf zu kleinem Raum: »Wenn (Midtown Manhattan) aufhört, ein Milieu zu sein, in dem Menschen in Zufriedenheit existieren können, anstatt als Gefangene, die ständig einem Konzentrationslager zu entfliehen suchen, wird es zwecklos sein, architektonische Leistungen zu diskutieren – Bauten, die gelegentlich den Menschen einen Augenblick lang den Atem anhalten lassen oder sein Gleichgewicht wiederherstellen, indem sie ihm den Anblick von gegliedertem Raum und gelungener Form bieten.« Mumfords Warnung, veröffentlicht in einem Beitrag mit dem Titel »The Two-Way Flood« in *The New Yorker* im Jahre 1955, mag damals verfrüht gewesen sein. Aber sie spricht uns heute, da zahlreiche amerikanische Städte sich wieder mitten im großen Bauboom befinden, mit Dringlichkeit an. Manhattan im besonderen wird in einer Dichte bebaut, die jeder Vernunft entbehrt. Mir scheint, man kann die Dichte des urbanen Lebens anerkennen, ja bevorzugen und dennoch zugeben, daß es Grenzen der Verdichtung gibt und daß wir uns schließlich jetzt, ein Vierteljahrhundert nachdem Mumford die Gefahr ankündigte, ihnen nähern.

In der Madison Avenue erheben sich drei riesige Hochhäuser, die zwei Straßenblöcke einnehmen, und mehrere andere werden daneben errichtet. Gegenwärtig ist kaum ein Grundstück in der Nachbarschaft mehr zum Bauen verfügbar – und selbst die Gemeinde der St. Bartholomew's Church, des 1919 von Bertram Goodhue errichteten Wahrzeichens von New York, erwägt den Verkauf ihres benachbarten Gemeindehauses und dessen Ersatz durch ein Hochhaus auf dem einzigen freien Grundstück der Park Avenue. Selbst die Kirche, so scheint es, ist nicht immun gegen den herrschenden Druck, jeden Zoll Bodens und Himmels zu füllen.

Ironischerweise stammen alle neuen New Yorker Hochhäuser von Architekten mit Rang und Namen, und die Klage, die in den sechziger Jahren gültig war, daß nur kommerzielle Architekten mit wenig Phantasie Aufträge für großmaßstäbliche Hochhäuser erhielten, trifft nicht mehr zu. Aber was auch immer das ernsthafte architektonische Anliegen der Architekten aller Neubauten in New York und anderswo sein mag – es zählt wenig, wenn das Zusammendrängen von 50geschossigen Gebäuden noch lange anhält.

KING'S DREAM OF NEW YORK
EUROPE
JAPAN
PANAMA CANAL
NORTH POLE

Kapitel 1

Hochhaus kontra Stadt

»Abgesehen von allen ästhetischen Überlegungen, stellt die anhaltende Errichtung des sogenannten ›Wolkenkratzers‹, des extrem hohen Gebäudes, eine Bedrohung der öffentlichen Gesundheit und Sicherheit und ein Ärgernis dar, dem Einhalt geboten werden muß.« David Knickerbocker Boyd
American Architect and Building News, 18. November 1908

»Hinter dem Wolkenkratzer steht der führende Teil der Nation . . . Jene, die seine Abschaffung befürworten, werden sich mit Sicherheit nicht durchsetzen.« Francisco Mujica: *History of the Skyscraper,* 1929

Das Hochhaus ist das triumphale Symbol der amerikanischen Stadt und der unwillkommene Eindringling in sie zugleich. Wir leben nach beinahe einem Jahrhundert offenbar immer noch nicht völlig in Eintracht mit den hohen Bauten. Sie zerstören den Maßstab und berauben uns des Lichts, und es überrascht nicht zu hören, daß sie als monströse Konstruktionen gebrandmarkt werden. Dennoch sind sie uns auch teuer – ist der braune Sandstein jemals zu einem gleichwertigen Symbol New Yorks geworden wie das Empire State Building, und wird die Seepromenade oder der Sears Tower als Wahrzeichen Chicagos betrachtet? Für Besucher und Bewohner sind diese Bauten gleichbedeutend mit der Stadt. Wie Notre-Dame in Paris oder die Houses of Parliament in London scheinen diese Hochhäuser nicht nur die Persönlichkeit der Städte auszudrücken, deren Bestandteile sie sind, vielmehr diese Persönlichkeiten gebildet, die Charaktere der Städte zu Widerspiegelungen ihrer eigenen Qualitäten als Objekte gemacht zu haben.

Das Hochhaus ist sicher mehr als jede andere Bauform sowohl in der Quintessenz amerikanisch als auch in der Quintessenz dem 20. Jahrhundert zugehörig. Es entstand im 19. Jahrhundert und ist in gewissem Maße der europäischen Architektur verpflichtet. Aber in den Vereinigten Staaten entwickelte sich in den ersten vier Jahrzehnten jenes Jahrhunderts der Wolkenkratzer von einer Kuriosität der kommerziellen Architektur zu einer kühnen Potenz, einer so starken Potenz, daß sie die Fähigkeit besaß, die urbane Umwelt zu ihrer Zeit ebenso umzuformen, wie es das Automobil in den darauffolgenden Jahrzehnten tat. Das Element der Höhe wurde zum alles überragenden Image aller amerikanischen Städte, die sich im Wachstum befanden. Die Idee, daß eine Stadt primär eine Agglomeration von kleinen und mittelgroßen Bauten sei, deren Dichte die Urbanität ausmache, wurde beiseite gestoßen durch das Auftreten der Wolkenkratzer, und die Amerikaner begannen, Urbanität auf der Basis der Größe zu definieren. Eine Stadt zeigte ihre Macht darin, wieviel Bauten sie besaß und wie viele Leute darin wohnten oder, genauer, wie groß man diese Bauten machen konnte. Unsere Vorstellung von dem, was Städte sind, wurde für immer verändert.

Aus diesem Grunde bedeutete das Hochhaus im 20. Jahrhundert bald etwas ganz anderes, als es für das 19. bedeutet hatte. Die Wolkenkratzer der achtziger und neunziger Jahre des vorigen Jahrhunderts paßten verhältnismäßig gut, wenn nicht sogar absolut, in den bestehenden urbanen Kontext; die Neuheit der meisten von ihnen lag mehr in ihrer Technik als in ihrer Größe oder ihrer Gestaltung, und sie schienen nicht die Vorstellung der Zeitgenossen von dem, was eine Stadt –

»King's Dream of New York« von Harry M. Pettit. Aus King's Views of New York, *1908/09.*

Der Lower Broadway in New York, um 1880. Der Portiko von St. Paul's Chapel (von Thomas McBean, 1766) ist im Vordergrund sichtbar, der Turm der Trinity Church (von Richard Upjohn, 1846) im Hintergrund. In der Mitte steht das Western Union Building (von George B. Post, 1875) – mit über 70 Metern Höhe niedriger als der Turm der Trinity Church.

oder eigentlich ein Gebäude – war, zu zerstören. Sie waren höher als das, was vorher dagewesen war, aber sie waren nicht hoch genug, um die Skyline zu beherrschen. Wenn etwas in jenen Tagen wirklich in die Höhe wuchs, waren es die Kirchen: Der 65 Meter hohe Kirchturm von St. Paul's Chapel am unteren Broadway in New York war einst das höchste Gebäude der Stadt. Später ging dieser Titel auf die 95 Meter hohe Trinity Church über, die 1846 fertiggestellt wurde, und erst 1892 wurde ein weltliches Gebäude – George B. Posts Pulitzer Building in der Park Row – mit etwa 105 Metern zum höchsten Bauwerk in New York.

So war um die Jahrhundertwende noch ein verhältnismäßig traditionelles Gefühl für das vorhanden, was eine Stadt darzustellen hatte. Der prahlerische Ehrgeiz einer Nation, die danach strebte, einen Kontinent zu beherrschen und eine wichtige Rolle im internationalen Gleichgewicht der Kräfte zu spielen, war auch die Kraft, welche die Erscheinungsform der Architektur am meisten beeinflußte. Sie trug zum wachsenden Interesse am Klassizismus bei – die imperialistischen Anklänge des Beaux-Arts waren eine perfekte Reflexion des neuen Selbstbildnisses der Nation –, und so entstand eine Generation von Bahnhöfen, Museen und anderen Gebäuden, die von einer Vorliebe zu bürgerlichen Prachtbauten zeugen. Aber die Vorstellung davon, wie Städte und Bauten auszusehen

St. Paul Building in New York von George B. Post, 1899.

hatten, änderte sich nicht grundlegend, und in der Tat wurde die kommerzielle Architektur nur geringfügig davon beeinflußt. Die Geschäftsbauten waren gewachsen mit dem Aufkommen des Stahlskeletts und des Aufzugs – der beiden technischen Innovationen, die große Hochbauten einerseits möglich und andererseits sinnvoll gemacht hatten –, aber sie waren im allgemeinen kaum höher als zwölf oder fünfzehn Stockwerke. Sogar nur wenig größere Bauten, wie das St. Paul Building am Broadway und an der Ann Street in New York oder, einige Blocks weiter, das 19geschossige American Surety Building, Broadway Nr. 100, entworfen von Bruce Price und 1894 fertiggestellt, waren von kleineren Bauten gesäumt, so daß der allgemeine Eindruck des Maßstabs für den Fußgänger nicht entscheidend anders war als früher. Fünf-, sechs-, sieben- und achtgeschossige Bauten säumten die Straßen der Geschäftsbezirke in New York, Philadelphia, Boston und Chicago. Sie wirkten sehr gedrängt, aber das war anregend, nicht überwältigend. Natürliche Belichtung war immer noch eine Annehmlichkeit, die von Büroangestellten und Fußgängern gleichermaßen vorausgesetzt wurde, und um den Anblick eines Stück Himmels zu genießen, mußte man die Stadt nicht verlassen. Fast jede Ecke bot eine Art Öffnung, selbst wenn der Blick nach oben durch ein kunstvolles Mansarddach oder ein reich detailliertes Gesims 30 Meter über Straßenniveau unterbrochen war.

In diese von den technischen Errungenschaften des Wolkenkratzers beherrschte, aber dennoch durch sie unveränderte Welt trat die neue Generation der Hochhäuser des 20. Jahrhunderts. 1906 wurden Pläne für das Singer Building in Lower Manhattan veröffentlicht, 200 Meter dekorierter Backstein und Terrakotta, das – wie die *New York Times* auf der Titelseite verkündete, »70 bis 100 Meter höher als alle bestehenden Hochhäuser und . . . etwa 13 Meter höher als das Washington Monument sein sollte«. Ernest Flaggs Entwurf war eine konfuse, vielleicht romantische Variation der französisch inspirierten Beaux-Arts-Vorgänger, mit einem schlanken Turm, der wie ein vorwitziges Unkraut aus einem mit einem Mansarddach gedeckten Schaft herausschoß. Er wirkte wie ein Versuch, das dramatisch Neue in ein dramatisch altes architektonisches Gewand zu kleiden. Aber so mißlungen seine Form auch gewesen sein mag, mit dem Singer Building wurden alle bisherigen Vorstellungen von Höhe aufgehoben. Jetzt war ein kommerzieller Bau, ein Bürohaus, nicht nur höher als der Turm der Trinity Church (das Pulitzer Building war nur wenige Meter höher gewesen), sondern so viel höher, daß es die Kirche ganz klein erscheinen ließ. Das Singer Building war, ebenso wie der Turm der Trinity Church, von der ganzen Stadt aus zu sehen und hatte eine einprägsame Form, was seine große Höhe noch eindrucksvoller machte. Nur die extreme Schlankheit des Gebäudes – es maß nur 22 Meter im Quadrat, breitete sich aber oben durch Ornament und Mansarddach aus – verhinderte, daß es eine noch stärkere Wirkung auf das Stadtbild hatte.

Das Singer Building wurde 1908 fertiggestellt; es folgte auf den 120 Meter hohen Times Tower am Times Square aus dem Jahre 1904 von Cyrus L. W. Eidlitz und das 95 Meter hohe Flatiron Building am Madison Square von 1903 von Daniel H. Burnham. Diese beiden sind schlanke Türme auf dreieckigen Grundstücken an belebten Kreuzungen und daher, wie das Singer Building, nicht so überwältigend, wie ihre reale Höhe annehmen ließe. Aber eine neue Welt war im Entstehen, und weit typischer für die Richtung, in die sich der Hochhausbau bewegte, wenngleich ungleich weniger gepriesen waren einige dem Singer-Gebäude unmittelbar benachbarte Bauten – die 21geschossigen gotischen Zwillinge, das Trinity Building am Broadway Nr. 111 und das United States Realty Building am Broadway Nr. 115, beide 1906 nach den Entwürfen von Francis H. Kimball fertiggestellt, sowie das 34geschossige massige Gebäude am Broadway Nr. 165 direkt nördlich vom Singer-Bau, ebenfalls von Kimball entworfen und

Die dekorierte Spitze des Singer Building.

Singer Building in New York von Ernest Flagg, 1908.

Eine Postkarte aus dem Jahre 1908.

auch mit gotischen Details. Broadway Nr. 165 befand sich zeitgleich mit dem Singer Building im Bau, und die *New York Times* verkündete den Baubeginn in der gleichen Titelgeschichte, in der sie das höhere Singer Building angekündigt hatte. »Es hat einige Erwartungen gegeben, daß dieses Gebäude das öffentliche Bedürfnis nach einem hohen Punkt in der Landschaft der Downtown erfüllen würde, aber neben dem Singer-Hochhaus wird es vergleichsweise ein Zwerg sein«, schrieb die *Times.*

Daß ein 34geschossiges Gebäude als relativ geringes Ereignis angesehen werden konnte, das nur aufgrund seiner untergeordneten Rolle erwähnt wurde, die es neben seinem Nachbarn in der Skyline spielen würde, zeigt an, wie schnell der Wandel in Lower Manhattan vor sich ging. Nicht nur die Höhe war gewaltig gestiegen – die Hochhäuser Flatiron und Times waren Beweise dafür –, die Beziehungen der Wolkenkratzer zueinander und zur Stadt als Ganzes änderten sich entscheidend. Das Hochhaus bedeutete zunehmend weniger bloße Höhe, war nicht mehr ein schlanker Turm inmitten kleinerer Gebäude. Mehr und mehr wurde es zum enormen Block, zu einer riesigen Masse, die neben andere riesige Massen gesetzt wurde. Am Ende des ersten Jahrzehnts unseres Jahrhunderts waren die Straßenblocks in Manhattans Geschäftsbezirk von identischen Bauten eingenommen. Wenngleich völlig anders als die identischen Bauten, welche diese Blocks in vorangegangenen Generationen bedeckt hatten, erhoben sich die neuen Gebäude nicht sechs oder sieben, sondern 15, 20 oder 30 Geschosse in den

Der Times Tower in New York von Cyrus L. W. Eidlitz, 1904.

Himmel. Und sie unterschieden sich von den vorangegangenen Bauten in weitaus mehr als nur in der Größe. Die neuen Hochhäuser enthielten nicht nur Büros, Geschoß auf Geschoß mit Pulten und Stenographentischen. Mit ihrem Wachstum begannen die Gebäude auch Läden, Restaurants und Bars aufzunehmen, und ihre Eingangshallen vergrößerten sich derart, daß sie zu Versammlungsstätten wurden. »Die massiven Arkaden konstituieren eine veritable Stadt mit verschiedenen Läden, Theken und Verkaufsständen, die fast alles Wünschenswerte verkaufen von Obst, Lebensmitteln und Süßwaren bis zu Bekleidung, Metallwaren und Haushaltsgeräten«, erklärte eine Werbung am Hudson Terminal Building, den massigen Zwillingstürmen in der Church Street, errichtet 1908 nach dem Entwurf von Clinton und Russell. »Eines der größten Bürogebäude der Welt – es nimmt beinahe zwei quadratische Blocks ein mit Brücken über die Dey Street, welche die beiden riesigen Gebäude im dritten und im 17. Geschoß miteinander verbinden«, war in einer Veröffentlichung zu lesen. Die neuen Gebäude waren wirklich, wie Rem Koolhaas verkündet hat, »eine Reproduktion der Welt«.

Einigen erschien dies als Fortschritt im besten Sinne. «So schnell drehen sich die Räder des Fortschritts in New York, daß eine große Errungenschaft nicht vor dem Auftreten der nächsten fertiggestellt werden kann, und weitere wunderbare Verbesserungen sind im Kommen: so die beiden höchsten bisher errichteten Wolkenkratzer, die sich hier im Bau befinden«, jubelte die *New York Times* am 29. Dezember 1907, indem sie auf das beinahe fertiggestellte Singer Building und den kürzlich erfolgten Baubeginn des 230 Meter hohen Metropolitan Life Tower am Madison Square von Napoleon Le Brun und Söhnen Bezug nahm. Die Stadt war im Wachsen begriffen, sie blühte und gedieh; sie wurde für den Kapitalismus das, was Rom für die Kirche darstellte, und je mehr die Rolle der Stadt als vitales kommerzielles Zentrum durch riesige Bauten ausgedrückt werden konnte, desto stärker würde ihre Position sein.

Es war eine Zeit des intensiven, fast fieberhaften Wachstums. Nicht nur die Höhe schien bezwungen zu sein, sondern auch alle Probleme und die Verstopfung der traditionellen Stadt erschienen überwunden. Hochhäuser boten Großartigkeit und weiten Ausblick, auch saubere Straßen und effektive Kommunikation, so meinten zumindest die Enthusiasten. Der Bauunternehmer Theodore Starrett schlug 1906 ein ungeschlachtes, kastenförmiges, 100 Geschosse hohes Gebäude vor, das unten Fabrikhallen, im darüberliegenden Teil Geschäfte, oben Wohnungen und darüber ein Hotel enthalten sollte. Jeder Teil war vom anderen durch öffentliche Bereiche getrennt, die Theater, Einkaufszentren und ganz oben einen Vergnügungspark, Dachgärten und ein Schwimmbad enthalten sollten. »Unsere Zivilisation macht großartige Fortschritte. In New York müssen wir weiterhin bauen, und wir bauen in die Höhe. Schritt für Schritt sind wir von der hölzernen Hütte zum 30geschossigen Wolkenkratzer weitergegangen . . . Jetzt müssen wir etwas anderes, etwas Größeres entwickeln.« Eine berühmte Darstellung, »King's Dream of New York« von Harry M. Pettit, für den Reiseführerverleger Moses King zeigt das Singer Building geschrumpft durch Dutzende größerer Hochhäuser, und der Blick auf den Broadway ist unterbrochen von Hochbrücken und mehrgeschossigen Schienensystemen. Zeppelinluftschiffe durchqueren den Himmel, eines in Richtung Europa, ein anderes Lower Manhattan mit Japan verbindend. Der East River ist von großen Hochhäusern gesäumt, sowohl in Brooklyn als auch in Manhattan. Die einzige Beeinträchtigung dieses reinen Futurismus ist, daß King, wie Ernest Flagg, sicher zu sein schien, die Wolkenkratzer würden sich in ihrer Architektur nicht grundlegend von den meisten Bauten des 19. Jahrhunderts unterscheiden. Und so zeigt die Darstellung ein Labyrinth von Türmen und Kuppeln, Mansarden und Gewölben, himmelweit entfernt von dem starren Modernismus, der Lower Manhattan

»Es war eine Zeit des intensiven, fast fieberhaften Wachstums.«
Das Flatiron Building im Bau.

Das Flatiron Building in New York von Daniel H. Burnham und Co., 1903.

nicht lange danach prägen sollte. Aber der Historismus von Kings Vision verstärkte ihren romantischen Eindruck um so mehr – und über viele Jahre hinweg symbolisierte diese vielfach reproduzierte Zeichnung dem unbefangenen Betrachter die neue Hochhausstadt, zu der New York sich entwickelte.

Der Laissez-faire-Kapitalismus im Gehäuse der Laissez-faire-Architektur gefiel jedoch nicht allen, und als sich die großen neuen Hochhäuser der Vollendung näherten, wurde zunehmende Ablehnung laut. Die Stadt war 1908 im Begriff, ihre Bauordnung zu ändern, und ein besonderes Komitee war damit beauftragt, die Vorschriften für Hochbauten zu überarbeiten. Erstaunlicherweise erwies sich Ernest Flagg, der Architekt des Singer Building, als ein starker Befürworter der gesetzlichen Begrenzung des Wolkenkratzers. Flagg berichtete bei einem Hearing im Rathaus, er glaube, bei Hochhäusern sollten nur drei Viertel des Grundstücks überbaut sowie die Höhe auf maximal 33 Meter beschränkt werden und dadurch Freiflächen und ausreichende Belichtung gewährleistet sein. Bis dahin konnten Hochhäuser in jeder beliebigen Höhe errichtet werden, wenn nicht mehr als ein Viertel des Grundstücks überbaut wurde. Flaggs Plan hätte zu weiteren schlanken Türmen in der Art des Singer-Gebäudes geführt: Schwanenhälse, die sich in den Himmel erstreckten, oder, wie Flagg selbst es ausdrückte, eine Skyline wie eine »Tiara aus stolzen Türmen«. Sein Vorschlag hätte auch die City in gewissem Sinne reguliert, indem er eine gleichmäßige, etwa 35 Meter hohe Trauflinie bewirkt hätte.

Eine Zeichnung von Starretts projektiertem 100geschossigen Gebäude, die am 13. Mai 1906 im New York Herald *veröffentlicht wurde.*

Flagg forderte auch ein System, nach welchem die benachbarten Grundstücksbesitzer Luftrechte kaufen und verkaufen konnten und dadurch die tatsächliche Zahl der hohen Bauten begrenzt und gesichert worden wäre, so daß ein bestimmter Distrikt nicht übervölkert würde. Dieser Gedanke zeugte von beachtlicher Voraussicht, denn er kommt einer Anzahl von Vorschlägen, die in den sechziger Jahren für amerikanische Städte vorgelegt wurden, sehr nahe. Im Jahre 1908 wurde Flaggs Ideen ein höfliches Hearing zuteil – vermutlich aufgrund seines Bekanntheitsgrades –, aber das war wohl auch alles.

Montgomery Schuyler, der bedeutende Architekturkritiker und Korrespondent der Zeitschrift *Architectural Record,* sah Flaggs Vorschlag und einen ähnlichen Entwurf von David Knickerbocker Boyd, dem Präsidenten der Gruppe aus Philadelphia des American Institute of Architects, als ein ermutigendes Zeichen dafür an, daß die Architektenschaft, die dem Anschein nach »unmittelbares Interesse am Scheitern der Höhenbeschränkung von Bauten hat«, tatsächlich die Selbstregelung anbot. Der wahre Halunke, so glaubte Schuyler, war der Grundstücksmakler, der, wie er befürchtete, kein Interesse an ästhetischen Vorschriften oder Größenbegrenzungen haben würde. »Aber euer Hochhaus zu einem ansehnlichen oder attraktiven Objekt zu machen, reicht diese oberflächliche Behandlung (das heißt die von Flagg vorgeschlagenen Richtlinien) nicht aus. Der ehrgeizige Dollarjäger würde wie bisher auch weiterhin starre Parallelepipede in den Himmel treiben«, schrieb Schuyler in *Architectural Record.* »Und obgleich es eine sehr gute und der Stadt dienliche Sache wäre, wenn die Besitzer von Parallelepipeden gezwungen würden, ihnen Format und Anmut zu verleihen, und obgleich eine solche Forderung durch die Präfektur der Seine durchgesetzt werden könnte, wäre es blinde Phantasie zu glauben, daß der individualistische New Yorker, dessen zügelloser Individualismus hier in der Tat die Quelle all unserer Übel ist, sich einer solchen Beschränkung seines Rechts, mit seinem Eigentum zu tun, was er will, unterwerfen würde. Das Parallelepiped ist die Form, die ihm die meiste Geschoßfläche zur Vermietung bietet und die am billigsten gebaut werden kann. Ihn am Bauen zu hindern, würde ihm als eine Vergewaltigung erscheinen.«

Noch seltsamer waren die Ansichten des Committee of Congestion of Population in New York, einer privaten Organisation, die Druck auf die Revisionskommission der Bauvorschriften auszuüben suchte, um die Hochhäuser zu beschränken. Diese Kommission zeigte sich im Jahre 1908 schockiert bei der Betrachtung von Plänen der Equitable Life Assurance Society für einen 62geschossigen, etwa 300 Meter hohen Wolkenkratzer zwischen dem Broadway und der Nassau Street (ein Gebäude, das schließlich in anderer, aber letztlich noch aufsehenerregender Form ausgeführt wurde) und argumentierte, daß die Straßen den Verkehr nicht aufnehmen könnten, den das Bauwerk erzeugen würde. In der *New York Times* wurde ein anonymes Mitglied zitiert, das gesagt haben soll: »Um solche Massen aufnehmen zu können, würden die Menschen in drei Schichten übereinander gehen müssen, während die Fahrbahn nicht die Lieferwagen, Autos und Pferdewagen der Leute, die in das Bauwerk gehen, aufnehmen könnte.« Das Komitee schlug im August 1908 vor, die Stadt solle eine absolute Höhenbegrenzung, eine Beschränkung der Hochhäuser auf bestimmte Distrikte oder eine besondere Steuer auf Wolkenkratzer erlassen.

Und David Knickerbocker Boyd warb eifrig für seinen Plan, nicht nur durch Schuylers Beiträge, sondern auch in eigenen Schriften. In der Zeitschrift *American Architecture and Building News* wurde Boyd deutlich: »Abgesehen von allen

Ein Notenheft aus dem Jahre 1908 mit einer Fotografie vom Broadway auf dem Umschlag, Blick auf den Times Tower.

ästhetischen Überlegungen, stellt die beharrliche Errichtung sogenannter ›Wolkenkratzer‹, übermäßig hoher Bauten, eine Bedrohung der öffentlichen Gesundheit und Sicherheit dar und einen Angriff, der gestoppt werden muß. Alles weitere Reden über 300 Meter hohe Bauten und die Begrenzung der Höhe auf 650 Meter oder über Entwürfe für 60geschossige Gebäude kann nur die Verurteilung dieser architektonischen Auswüchse beschleunigen . . .

Im Zusammenhang mit dem gegenwärtigen Bestreben, das Übel zu korrigieren, ist viel gesagt worden über das Ausschließen des Lichts und das Einschließen der Luft in den Straßen – Licht und Luft stehen den Menschen zu, und sie sollten darauf in ihrem Streben nach Gesundheit, Glück und Wohlstand nicht verzichten. Dieses ›Einschluchten‹ der Straßen ist schnell geschehen, und seine verderblichen Resultate beginnen sich gewaltsam geltend zu machen.«

Die Befürchtung, daß der Wolkenkratzer die traditionelle Straße beseitigen würde, indem er sie abschließt, war schon vorher geäußert worden. Tatsächlich

»Was uns bevorsteht« – die Vision eines unbekannten Künstlers.

Aus King's Views of New York.

beklagte der bedeutende Architekt George B. Post schon 1894, daß Straßen, wenn sie mit Hochhäusern gesäumt sind, wie Schluchten erscheinen würden: dunkel, düster und feucht. Die für Moses Kings Stadtführer angefertigten Zeichnungen unterstrichen diesen Punkt: Sie zeigten dunkle und bedrohliche Straßen, eine ganz und gar von den großzügigen Brücken, welche die Dächer überspringen, getrennte Welt. Aber dem Pessimismus Posts über die von Hochhäusern gesäumte Straße wurde unmittelbar widersprochen von Daniel Burnham, Chicagos großem Unternehmer und Architekten, der sagte, er sehe in dunklen und düsteren Straßen kein Problem, da die moderne Technik für künstliches Licht und Lüftung sorgen würde.

Aber Schuylers Zynismus und nicht Burnhams fast kindliches Vertrauen scheint die zutreffendere Reaktion gewesen zu sein. Im gleichen Maße, wie die Kontroverse zunahm, vermehrten sich auch die Gebäude, nicht nur in New York, sondern auch in Chicago, Philadelphia und sogar in kleineren Städten. Chicago verfügte eine Beschränkung auf zehn Geschosse für die Dauer von einigen Jahren; dann wurde sie abgeschafft. 1906 forderte der *Springfield Republican* (eine Zeitung aus Massachusetts) eine Begrenzung auf 33 Meter Höhe für die Bauten in Springfield mit dem Argument, »New York und Chicago wären viel schönere und gesundere Städte ohne die ›Wolkenkratzer‹.« Die *New York Times* zitierte den *Republican,* und während sie zugab, daß der »Wolkenkratzer immer noch ›ferae naturae‹ und es sehr wünschenswert ist, ihn durch ein Gesetz zu kontrollieren«, lehnte sie die Vorstellung von einer 33-Meter-Beschränkung in New York als »autoritär und absurd« ab. Die *Times* erkannte, daß die großen Bauten ein angemessener Ausdruck des aufkommenden Kapitalismus waren. Die Gebäude zu beschränken würde heißen, die Firmen einzuschränken, welche darin untergebracht waren und die Gebäude zunehmend als Symbole ihrer eigenen wirtschaftlichen Potenz betrachteten.

Der rücksichtslose Individualismus New Yorks griff in der Tat um sich und intensivierte das Problem – sofern es als solches anzusehen war – sogar noch stärker als in Chicago. Aber es war ironischerweise ein Architekt aus Chicago, welcher der Laissez-faire-Ära des Wolkenkratzerbaus in New York den Todesstoß versetzte und als Folge dessen auch in anderen Städten. Ernest Graham, ein Partner von Daniel Burnham und sein Nachfolger in dem riesigen Büro, entwarf für die Equitable Life Assurance Society am Broadway Nr. 120 im Herzen von Lower Manhattans Finanzbezirk ein Gebäude, das einen ganzen Block einnahm und sich ohne Rücksprünge zu einer Höhe von 39 Stockwerken erhob. Es war massiv, viel gewaltiger – wenn auch nicht höher – als alles, was New York oder irgendeine andere Stadt bisher gesehen hatte. Mit über 100 000 Quadratmetern vermietbarer Fläche war es bei weitem das größte Bürogebäude der Welt, und das gewaltige Bauwerk, dessen große Masse von Ost nach West gerichtet war, verschattete die umliegenden Blocks. Das Equitable Building wurde 1915 vollendet, und es ist tatsächlich bedrückend mit seiner durch den ganzen Block führenden gewölbten Eingangshalle, einer veritablen Straße. Die ungeheure Zahl von Menschen, die sie aufnimmt, sichert, daß sie voll Leben und Bewegung ist. Aber der Raum darüber ähnelt weitgehend einem großen Aktenschrank, abgeteilt durch identische Fenster in einer zwar gewaltigen, aber äußerst banalen Fassade. Das Gebäude wurde auf dem Gelände eines früheren Equitable Building errichtet, das durch einen Brand vernichtet worden war, und befand sich eigentlich nicht im Besitz der Equitable Life Assurance Society. Vielmehr gehörte es T. Coleman du Pont, einem Grundstücksmakler und Mitglied der Familie du Pont aus Delaware, die von Louis Horowitz, dem Präsidenten der Baufirma Thompson-Starrett, bewogen worden war, zehn Millionen Dollar in das Unternehmen zu investieren. Du Pont liebt es, das riesige Gebäude als die »Du-Pont-Hütte« zu bezeichnen.

Das Equitable Building in New York von Ernest Graham, 1915.

Die Skyline von Lower Manhattan, vom East River aus gesehen, 1908. Ganz rechts die Brooklyn Bridge. Das Singer-Hochhaus erhebt sich linker Hand über die anderen Gebäude.

Die Besitzer der umliegenden Bauten erhoben vor Baubeginn einen schwachen Protest in der Erkenntnis, daß das Equitable Building ihre Mieter in beträchtlichem Maße des Lichts berauben würde. Als sie vorschlugen, das Gelände lieber in einen Park zu verwandeln, wies Horowitz sie lachend aus seinem Büro, indem er anbot, daß sie das Grundstück kaufen und den Park selber errichten sollten. Aber es erstaunt nicht, daß das Equitable Building nicht populär wurde. Es führte nicht nur zu einem Überangebot an Bürofläche auf dem Markt, sondern – was geschichtlich viel bedeutsamer ist – sein Volumen veranlaßte auch die Stadtverwaltung von New York, Verordnungen zur Beeinflussung der Form und Lage von Wolkenkratzern zu erlassen. Die erste Flächennutzungsverordnung des Landes trat 1916 in Kraft, in gewissem Grade als Folge des Equitable Building. Zu den Restriktionen gehörte die Einschränkung der Massierung, ausgedrückt in einer allgemeinen Begrenzung der Geschoßflächenzahl von Wolkenkratzern auf das Zwölffache der Gesamtfläche des Grundstücks, was die Errichtung eines weiteren Equitable Building – das eine Gesamtgeschoßfläche von mehr als dem Dreißigfachen der Grundstücksfläche hat – unmöglich machte.

Höhere Wolkenkratzer folgten, auch solche, denen es gelang, die Grundregeln der Ästhetik noch stärker zu verletzen als das Equitable Building, aber Grahams große Kiste blieb das extreme Symbol des Wolkenkratzers der frühen zwanziger Jahre, der nichts weiter bewirkte, als den Himmel mit noch mehr Bürogeschossen vollzustopfen. Es wurde nicht als Monument errichtet, sondern als Ergebnis eines wirtschaftlichen Abenteuers.

Man meint in der Tat, daß der Schriftsteller Henry James das Equitable Building vorhergesehen hat, als er 1907 über die immer höher werdende Skyline von Manhattan schrieb: »Eine Geschichte ist so lange gut, bis die nächste erzählt wird, und Wolkenkratzer sind nur so lange das letzte Wort ökonomischen Einfallsreichtums, bis ein weiteres Wort geschrieben ist. Dies wird wahrscheinlich eine noch häßlichere Bedeutung haben; aber das Vokabular der Wirtschaftlichkeit um jeden Preis enthält ungeahnte Ressourcen, und das Bewußtsein dieser Wahrheit, das Bewußtsein der Begrenztheit, der Bedrohung, der im wesentlichen erdachten Situation spiegelt sich in meiner Vorstellung stets in den Tausenden von gläsernen Augen dieser Giganten des bloßen Marktes wider.«

Kapitel 2

Die Anfänge in Chicago

Louis Sullivan.

Wenn letztlich erst die riesigen, massigen Wolkenkratzer jenes Jahrzehnts, die im Equitable Building kulminierten, die gesetzlichen Restriktionen für Hochhäuser auslösten, so sorgte man sich doch in den Jahren zuvor sehr um die Form, die diese Gebäude annahmen. Das Symposium der Architectural League im Jahre 1894 zeigte die Tiefe der Besorgnis bei den Architekten. Schon in den achtziger Jahren begann man zu begreifen, daß sich die hohen Bauten grundlegend von allem unterschieden, was man bisher gebaut hatte, daß Wolkenkratzer nicht nur eine unterschiedliche Einstellung zur Entwicklung einer Stadt, sondern auch eine unterschiedliche Gestaltung als individuelle Bauten erforderten. Thomas Hastings, der bedeutende Beaux-Arts-Architekt, der zusammen mit seinem Partner John M. Carrère die New York Public Library errichtete, forderte auf diesem Symposium die »vollkommene Freiheit des Entwerfens« und erkannte, daß der Wolkenkratzer ein Bauproblem darstellte, das nicht durch Rückgriffe auf historische Vorgänger zu lösen war. Gesetzliche Beschränkungen, sagte Hastings, könnten nur den städtebaulichen Teil des Problems lösen, indem sie ein einheitliches Ensemble bewirkten. (Seltsamerweise bezog er sich auf das ideale Straßenbild als »reizvolle Einheitlichkeit und Monotonie«. Das erinnert daran, wie sehr sich die Wortvorstellungen gewandelt haben müssen, daß das Wort Monotonie heute eine solch andere Bedeutung im Städtebau angenommen hat.) Hastings bot jedoch nur wenige wirkliche Leitlinien – sein Hauptanliegen war es, Einspruch gegen das Dogma zu erheben, und außer dem Plädoyer für generelle Freiheit des Ausdrucks sagte er nur wenig über die Form des einzelnen Gebäudes.

Die größten Theoretiker des Hochhauses und zugleich die Architekten, welche die wahren Anfänge dieser Kunst schufen, lange bevor noch die große Debatte über die Ethik des Wolkenkratzers ihren Höhepunkt erreichte, kamen nicht aus New York, sondern aus Chicago. Es waren Louis Sullivan und John Wellborn Root. Beide Männer glaubten an den Zeitgeist; sie waren davon überzeugt, daß eine neue Technologie des Hochhauses eine neue Architektur erzeugen würde. Besonders Sullivan äußerte seine Auffassung in schöner, fast extravaganter Prosa. In einem heute zum Klassiker gewordenen Beitrag mit dem Titel *The Tall Office Building Artistically Considered* argumentierte er gegen die Anwendung historischer Elemente beim Hochhaus und verlangte, daß das Gebäude das widerspiegeln solle, was er als amerikanische Impulse bezeichnete. Das unterschied sich in seiner Art nicht von dem, was Le Corbusier ein Vierteljahrhundert später in seinem Buch *Kommende Baukunst* forderte. Sullivan behauptete, daß neue Arten von Bauten neue Arten des architektonischen Ausdrucks erforderten und daß die Architektur nur durch Entwicklung solcher neuer Formen eine »lebendige Kunst« sein könne. Dann brach Sullivans ganze Romantik durch, als er erklärte, daß der Wolkenkratzer »hoch, jeder Zoll von ihm hoch« sein müsse. »Die Kraft und Stärke der Höhe müssen darin enthalten sein. Jeder Zoll muß stolz und aufragend sein, sich erhebend in reiner Erhöhung, von unten bis oben eine Einheit ohne eine einzige abweichende Linie bilden.«

Sullivans Leidenschaft führte ihn zur Planung mehrerer der größten frühen Wolkenkratzer. Sein Wainwright Building aus dem Jahre 1891 in St. Louis, entstanden in Partnerschaft mit Dankmar Adler, besteht aus zehn Geschossen in Backstein und Terrakotta und ist minimal, gemessen am Standard der massiven

Die Fassade der Chicago Stock Exchange von Adler und Sullivan, 1894.

Das Wainwright Building in St. Louis von Adler und Sullivan, 1891.

Bauten des nächsten Jahrzehnts und später. Aber Sullivan gelang es wie keinem seiner Zeitgenossen, die Höhe in besonderer Weise auszudrücken: Das Wainwright Building ist nicht nur hoch, es ist im *Begriff*, nach oben zu wachsen – es ist architektonisch noch höher als in Wirklichkeit. Das Gebäude hat eine solide zweigeschossige Basis, über der sich sieben Geschosse übergreifende vertikale Pfeiler aus Backstein erheben mit dazwischenliegenden Fensterreihen. Die Ausfachungen – die Platten unter jedem Fenster – sind mit Terrakottaornamenten dekoriert, und oben läuft die ganze Komposition in einem gedrungenen, verzierten Terrakottagesims aus.

Sullivan ist damit eine Fassade gelungen, die an einem niedrigen Gebäude nicht hätte bestehen können. Hier ist nicht ein an sich niedriges Gebäude lediglich hoch gemacht worden, es ist ein in seinem wahren Wesen hohes Gebäude. Die vertikale Betonung ist ein Grund für den Erfolg des Wainwright Building, aber nur der offenkundigste: Was Sullivan erreicht hatte, war nicht nur eine Betonung der Vertikalen, sondern die Vertikalität, indem er sie beherrschte, in einer einheitlichen Gesamtkomposition aufgehen zu lassen. Das gleiche gilt für die leicht zurückgesetzten Ausfachungen, die eine Art der Fassadengestaltung vorwegnahmen, wie sie viele Jahre – bis zum Bau des Rockefeller Center – lebendig bleiben sollte, sowie für das Gesims, das gemeinsam mit der Basis die Horizontale betont und damit genau das richtige Gegengewicht zur Vertikalität darstellt. Sullivans Ornament übernimmt auch eine ausgleichende Rolle: Seine Feinheit und Zartheit ebenso wie seine Gründung auf natürlichen Formen werden präzise ausgespielt gegen die Glätte der Hauptelemente der Fassade. Das Ergebnis ist eine nahezu vollkommene Komposition, bei der kein Element entfernt werden könnte, ohne das Gesamtbild ernsthaft zu gefährden.

Das Wainwright Building ist im Grunde ein ganzer Satz von Fassaden, die sich zu einem gedrungenen Kubus zusammenfügen; es beeindruckt nicht als eine neue Form, und es repräsentierte auch keine wirkliche technische Neuerung oder kreative Raumgliederung. Die Dreiteilung der Fassade legt natürlich die Assoziation an eine klassische Säule mit Basis, Schaft und Kapitell nahe, und diese Analogie wurde später häufig als eine durch den Wolkenkratzer entwickelte Ästhetik bezeichnet. Aber man leistet Sullivan keinen guten Dienst, wenn man behauptet, daß diese Absicht seinem Entwurf zugrunde gelegen habe. Es würde weder seine subtile Verflechtung von Horizontalen und Vertikalen erklären noch seinen Erfolg, das Gebäude so gelungen in Beziehung zur Straße zu setzen. Sullivans Inspirationen lagen anderswo, in romantischen und nicht in klassischen Impulsen. Er war tief beeindruckt von Henry Hobson Richardsons Marshall Field Warehouse aus dem Jahre 1887 in Chicago, einem kraftvollen, massigen Bau, romantisch in den Formen, aber gedrungen und geordnet wie ein Renaissancepalast. Sullivan sagte vom Marshall Field Building, das vertikale Fenster hat, die in Bogen auslaufen, daß es »wie ein Mann« sei, »der auf zwei Beinen geht . . . eine männliche Kraft . . . Stein und Mörtel werden hier lebendig«, und diese anthropomorphe Analogie bedeutete sein größtes Lob.

Das Wainwright Building war der Kulminationspunkt verschiedener früher Hochhausplanungen von Sullivan und anderen. In den achtziger Jahren wurde eine Anzahl von Mauerwerksbauten errichtet, die zumindest in ästhetischer Hinsicht Richardsons Marshall Field ähnelten. Sullivans eigener Bau, das Wacker Warehouse in Chicago, 1889 fertiggestellt, verwendete Richardsons Elemente

Lagerhaus Marshall Field in Chicago von Henry Hobson Richardson, 1887.

Das Theater im Auditorium Building. Diese Bogen nehmen die großen Bogen der Radio City Music Hall vorweg.

unmittelbarer als das Wainwright Building, hatte aber große, mit Bogen versehene Eingänge auf Straßenniveau und eine glatte Fassade im Gegensatz zu Richardsons starker Rustika. Diese beiden Abweichungen machten das Gebäude ursprünglicher, einfacher in seiner Erscheinung als Richardsons und zugleich glatter. Unmittelbarer auf Richardson ging Adlers und Sullivans Auditorium Building in Chicago zurück, ebenfalls aus dem Jahre 1889, bei dem die Verbindung zum Marshall Field unübersehbar ist – eine Fassade aus rauhem Haustein, eine geschlossene Kiste mit in vertikalen Reihen angeordneten Fensterpaaren, die in Bogen münden und eine Monumentalwirkung auf mittlerer Ebene erzeugen, darüber schmalere Bogen. Das Auditorium-Theater hat einen spektakulären, glänzenden Innenraum, der einen Triumph von Sullivans ornamentalen Fähigkeiten darstellt. Er basiert auf einer Bogenreihe, welche die großen Bogen der Radio City Music Hall vorwegnimmt. Aber das Auditorium war auch ein Vorläufer der im zwanzigsten Jahrhundert so populär gewordenen Mehrzweckbauten: Es enthielt ein Hotel, einen Bürotrakt und Theatereinrichtungen. Im Gegensatz zum Equitable Building entstand das Auditorium aus dem Bewußtsein, daß große Bauten die Stadt bereichern sollten.

Im Äußeren nicht unähnlich, aber begrenzter in seiner Funktion war die ebenfalls in Chicago erbaute Rookery von Burnham und Root, fertiggestellt 1886. Hier, bei einem Bürogebäude in Chicagos LaSalle Street, nahm John Wellborn Root den Stil Richardsons auf und machte ihn, soweit das möglich war, etwas dekorativer. Hier gibt es Türmchen und Kapitelle, eine Anzahl von feinen Details, die man bei diesem schweren, maskulinen Stil nicht erwartet. Trotzdem ging er keinen Kompromiß mit der Qualität ein, denn wenn der Rookery auch die Einheitlichkeit von Richardsons oder Sullivans Bauten abgeht, so besitzt sie doch eine außergewöhnliche Anmut – dieses Gebäude erscheint, trotz seines Gewichts, fast tänzerisch leicht, ohne oberflächlich zu wirken, einladend, aber nicht unterwürfig. Die Rookery ist auch bemerkenswert wegen ihres Innen-

Zeichnung eines Details von Louis Sullivan für das Auditorium.

raums – sie enthielt ursprünglich eine Vorhalle mit glasgedeckter Kuppel. Dieser Raum ist heute noch ein großartiger zentraler Innenhof, obgleich seit 1905 das Glas überstrichen ist. Frank Lloyd Wright überwachte die Neugestaltung der Halle, und man erkennt eine Reihe von Wright-Details, die einwandfrei zu Roots Eisendekoration passen. John Wellborn Root, der Partner von Daniel Burnham und Chefdesigner bis zu seinem plötzlichen Tode 1891 im Alter von 40 Jahren, war mit Sullivan an der frühen Entwicklung des Wolkenkratzers beteiligt. In ihren Ideen stimmten beide überein, wenngleich ihre – persönlichen und architektonischen – Stile nicht ganz identisch waren. Beide Männer beharrten auf der Vorstellung, daß der Wolkenkratzer in gewisser Weise das Wesen dieses Bauwerks ausdrücken sollte, die Idee der Höhe und den Geist einer neuen Industriegesellschaft. Aber Root neigte zu kühleren und empirischeren Lösungen, während Sullivan den neuen Stil von seinem Zeichentisch in voller Blüte entstehen sehen wollte. »Architekturstile . . . wurden niemals von menschlichen Schürfern entdeckt«, schrieb Root 1890, »Stile werden gefunden zu der ihnen bestimmten Zeit, aber nur von jenen, die mit Intelligenz und Nüchternheit mit den besten verfügbaren Mitteln für ihre Ziele arbeiten, und schwerlich in Gedanken an einen zukünftigen neuen oder nationalen Stil.«

Root hatte seine Bemühungen, dem hohen Gebäude eine eigene Form zu geben, mit einem 1882 fertiggestellten Bau in Chicago, dem Montauk Building, begonnen. Dies war ein Wolkenkratzer der Pionierzeit – Aufzüge ermöglichten eine Höhe von zehn Geschossen –, und doch zeigt es, in wie geringem Maße die Architekten seinerzeit in der Lage waren, dem, was sie schufen, eine neue Form zu verleihen. Denn das Montauk Building besteht im wesentlichen aus zehn horizontal übereinandergeschichteten Geschossen. Ein zweigeschossiger, mit Bogen versehener Eingang bildete einen frühen, fast verzweifelten Versuch, dem Gebäude einen gewissen Maßstab zu verleihen. Aber im Grunde ist es ein kleines Gebäude, das groß gemacht wurde. Das gleiche gilt für William LeBaron Jenneys andeutungsweise romanisches, zehngeschossiges Home Insurance Building aus dem Jahre 1885, das ebenfalls horizontal betont ist und keine Fassadenelemente besitzt, die nicht auch ein kleineres Gebäude aufweisen könnte. Die Bedeutung des Home Insurance Building liegt nicht in seiner Ästhetik, sondern in seiner Technik, denn es ist das erste Hochhaus mit einer Skelettkonstruktion, in diesem Falle einer Mischung aus Eisen und Stahl.

Das Auditorium Building in Chicago von Adler und Sullivan, 1889.

Die Rookery in Chicago von Burnham und Root, 1886.

Die Verwendung des Skeletts bezeichnet einigen Bauhistorikern zufolge den Beginn des Wolkenkratzers. Ohne das Stahlskelett könnte das wirklich hohe Gebäude eindeutig nicht existieren, denn die Dicke des tragenden Mauerwerks wäre nicht machbar, sobald die Bauten eine größere Höhe erreichten. Aber das Skelett allein ist aus verschiedenen Gründen kein geeigneter Ausgangspunkt für den Wolkenkratzer. Erstens trat das Stahlskelett nicht plötzlich beim Home Insurance Building in Chicago auf, es entwickelte sich langsam, zum Teil aus den vorfabrizierten gußeisernen Hausfronten, die um die Mitte des 19. Jahrhunderts üblich waren – Fassaden, wie wirklich tragende Skelette waren, fast wie die Curtain Walls des 20. Jahrhunderts, und die gegen Ende des 19. Jahrhunderts aufgegeben wurden, weil sie nicht feuerbeständig waren. Außerdem erscheinen weitere Elemente, die ebenfalls einen Wolkenkratzer auszeichnen – Aufzüge und die Betonung der Höhe – häufig auch in Bauten, die vor dem Auftreten des Stahlskeletts entstanden, und sogar in vielen, die erst später errichtet wurden, aber bei denen es nicht angewendet ist.

Es gibt also keine eindeutige Antwort auf die Frage, welches Gebäude der erste Wolkenkratzer war. Das Home Insurance Building führte das Stahlskelett

Das Home Insurance Building in Chicago von William LeBaron Jenney, 1885.

ein und enthielt Aufzüge, aber es repräsentierte keinerlei Planungsfortschritte. Viel früher schon war das Equitable Building in New York entstanden (das – mit Ausnahme des Namens – nichts mit dem riesigen Equitable-Gebäude von 1915 gemein hatte), 1870 von Gilman und Kendall ausgeführt; Ingenieur war George B. Post. Dieses Bauwerk hatte nur sechs Geschosse, aber es waren besonders hohe, denn das Dach des Gebäudes lag etwa 45 Meter über Straßenniveau, und, was noch wichtiger war, das Equitable war das erste Bürogebäude, das einen Aufzug enthielt. Sein Stil war reich dekoriertes Second Empire, komplett mit Mansarddach. So war das Equitable im Hinblick auf seinen Ausdruck der Höhe sogar noch konservativer als das Montauk oder das Home Insurance Building – aber es war hoch und enthielt einen Fahrstuhl und führte damit zu der fast revolutionären Präsenz von Obergeschossen, die ebenso begehrt waren wie die unteren. Nach Entstehung des Equitable Building wurde es modern, in Obergeschossen zu residieren, und dies bedeutete eine entscheidende Wendung.

Wenn das Home Insurance Building bedeutend ist wegen seinem Stahlskelett und das Equitable wegen seinem Aufzug, so muß noch ein weiterer »Teilwolkenkratzer« erwähnt werden, ehe wir uns der Generation von Bauten zuwenden, die, wie das Wainwright Building, alle drei essentiellen Elemente enthalten. Es ist das Monadnock Building in Chicago von Burnham und Root aus dem Jahre 1891. Neben der Rookery ist es Roots Meisterwerk, und hier verbinden sich seine Vorstellungen von Klarheit und Strenge. Seltsamerweise ist das Monadnock kein Stahlskelettbau, es ist das letzte der großen, massiven Mauerwerksbauten. Dennoch ist es ebenso eindeutig ein Wolkenkratzer wie die Bauten Sullivans. Denn hier erheben sich die kraftvollen Backsteinmauern auf 16 Stockwerke, glatt und sauber in einer Art, die den Betrachter des 19. Jahrhunderts erstaunt haben muß. Die Mauern sind unten schwer und dick und verjüngen sich dann, als ob sie ausdrücken wollten, daß das Gewicht, das sie entsprechend der Erhebung noch tragen müssen, sich vermindert. Das Gebäude weist keinerlei Dekor auf, nur die sanfte Krümmung der Mauern und die flache Biegung der Fenstervorsprünge, die dazu dienen, die Vertikalität zu betonen – nicht so unmittelbar, wie Sullivans vorgestellte Pfeiler, aber trotzdem sehr wirkungsvoll. Die Gesamtform des Gebäudes ist aufgrund der Abmessungen des Grundstücks (etwa 70 × 25 Meter) eine dünne Scheibe, die es noch mehr wie ein viel später entstandenes Bauwerk erscheinen läßt. Aber am wichtigsten sind die Mauern, monumental, kraftvoll,

Die Eingangshalle der Rookery Ende der achtziger Jahre.

von Hand behauen in einer Weise, die nicht nur auf das industrielle Backsteinmauerwerk des späteren 19. Jahrhunderts, sondern sogar auf den abstrakten Minimalismus des 20. Jahrhunderts verweist.

Die Erker des Monadnock Building betonen seine Vertikalität.

Chicagos Primat als Stadt der Hochhäuser in den beiden letzten Jahrzehnten des vorigen Jahrhunderts kann nicht geleugnet werden. Nicht nur die beiden großen Theoretiker des Wolkenkratzers, Sullivan und Root, arbeiteten in dieser Stadt, sondern auch eine Reihe anderer Architekten von Rang und Namen – ihre Partner Adler und Burnham, Frank Lloyd Wright, der in späteren Jahren viel Aufmerksamkeit auf den Wolkenkratzer verwendete, sowie William Holabird und Martin Roche, die eine Partnerschaft eingingen und nach John Roots Tod die gleiche bedeutende Rolle für die innerstädtische Architekturszene Chicagos einnahmen wie vorher Burnham und Root.

Die Stimmung und der Geist von Chicago und New York unterschieden sich grundlegend voneinander. In beiden Städten entwickelten sich in diesen Jahrzehnten Eigenarten, die deren architektonische Identität bis in das 20. Jahrhundert hinein formten. Chicago war darauf bedacht, die Stadt nach der entsetzlichen Feuersbrunst von 1871 schnell wiederaufzubauen; es hatte wenig Traditionen, weder architektonischer noch kultureller Art, die diesem Prozeß eine Richtung weisen konnten. Es war eine Geschäftsstadt, aber ihre Geschäfte spielten sich im amerikanischen Kernland ab, es war kein internationaler Handel. In dieser Stadt war stets der Verkäufer von Waren oder der Produzent von Maschinen willkommener als der Intellektuelle oder der Tourist. Chicago suchte zwar nach Kultur, aber es vertraute weitgehend seinen angestammten Qualitäten als Erzeuger von Kultur – es versuchte nicht, seinen kulturellen Status durch Importe von außerhalb zu bestätigen. Vor allem war Chicago in jenen Jahrzehnten eine junge Stadt – seine eigene Geschichte war jung, und das Durchschnittsalter der Architekten, die um 1880 am aktivsten in der Hochhausplanung tätig waren, betrug lediglich 30 Jahre. Diese Architekten waren überwiegend unbelastet von akademischer Ausbildung, welche die Standpunkte ihrer Kollegen im Osten Amerikas geprägt hatte. Sullivan hatte an der Ecole des Beaux-Arts in Paris studiert, aber Root und Adler waren in erster Linie Ingenieure, einem Pragmatismus verpflichtet, der dem Charakter ihrer Stadt in gewisser Weise entsprach.

Kurz, es war eine außergewöhnliche Mischung aus Energie und Zuversicht, aus Intelligenz und Unbelastetheit, die Chicago in den achtziger Jahren des vorigen Jahrhunderts kennzeichnete. Es war Neuland, jedoch auch eine etablierte Stadt, und in gewissem Sinne durchdrang sich beides. Es war außerdem ein wenig Glück dabei – nicht nur im Zusammentreffen dieser Architekten an diesem Ort, sondern auch darin, daß Richardsons reifes Werk hier entstanden war, und in der Tatsache, daß die Investoren Peter und Shepard Brooks aus Boston sich dem neuen kommerziellen Stil verpflichtet fühlten und viel in Chicago bauten. Die beiden Brooks sahen in der Strenge des Chicagoer Stils ebenso einen gewissen Grad an Wirtschaftlichkeit wie einen ästhetischen Wert, aber sie waren ernsthaft auf architektonische Qualität bedacht. Sie waren es, die unter anderem das Montauk, die Rookery und das Monadnock Building errichteten. Sie waren Burnhams und Roots große frühe Auftraggeber.

Darüber hinaus führte in Chicago das geordnetere Straßensystem zu einer geordneteren Stadt. Die Wolkenkratzer New Yorks wurden in die engen, gekrümmten Straßen von Lower Manhattan gesetzt, während die von Chicago auf regelmäßigen Blocks in der Loop standen und ein zusammenhängendes Gesamtsystem bildeten. In New York schienen die Wolkenkratzer in Konkurrenz zueinander zu stehen, in Chicago wirkten sie zusammen.

Dieser Unterschied entging den Schriftstellern dieser Periode nicht, von denen der Romancier William Archer schrieb: »Wie der Elefant . . . zur Giraffe,

Das Monadnock Building in Chicago von Burnham und Root, 1891.

OLYMPIA
TYPEWRITERS
MONADNOCK
Fannie May Candies

so verhält sich der kolossale Geschäftsblock Chicagos zu den Wolkenkratzern von New York. Der Mammut von Chicago besitzt Proportion und Würde, die den meisten Bauten fehlen, welche die gezackte Skyline von Manhattan Island bilden. Vor den schlanken Riesen der östlichen Metropole muß man im allgemeinen sein ästhetisches Urteil zurückhalten . . . Es sind lediglich erstaunliche Manifestationen menschlicher Energie und himmelstürmender Kühnheit.«

New York schien sich trotz all seinem Streben nach Höhe wenig um den Ausdruck der technischen Innovation zu kümmern. Schließlich wurde hier, beim ersten Equitable Building, der erste Aufzug in einem dekorierten Second-Empire-Hochhaus installiert. Während Chicago bei sich selbst nach Inspiration suchte, schaute New York auf Europa und reproduzierte Renaissancepaläste, gotische Türme und englische Landhäuser, indem es soviel wie möglich aus der Geschichte entlehnte. Der Begriff der konstruktiven »Ehrlichkeit«, die offene Zurschaustellung des statischen Systems, das für die Chicagoer Architekten so wichtig war, hatte kaum Entsprechung bei den New Yorkern, die rein visuelle Vergnügen zum Ziel hatten. Es gab dort zwei Arten von Wolkenkratzern – jene, auf die große Aufmerksamkeit verwendet worden war, die Schaustücke ebenso wie Investitionsgüter waren, und solche, die wenig mehr als Mittel zum Geldverdienen darstellten, Systeme zur Stapelung renditeträchtiger Geschosse in die Höhe.

Das Paradoxon von New Yorks Vorliebe für die auffälligen Effekte einerseits und krasser Geldgier andererseits muß an dieser Stelle nicht diskutiert werden. Es genügt zu sagen, daß keiner dieser widersprüchlichen Aspekte der Stadt ein entsprechendes Äquivalent in Chicago hatte. Auf keinen Fall war die Bedeutung der Kontrolle jemals präsent wie in Chicago – irgend etwas schien in New York immer auszubrechen, entweder im Hinblick auf die Höhe, das Ornament oder die rein voluminöse Masse.

So entstanden in der Folge des ersten Equitable Building in New York die frühen Wolkenkratzer: George B. Posts Western Union Building und Richard Morris Hunts Tribune Building, beide 1875 fertiggestellt und einander bemerkenswert ähnlich. Das Western Union war zehn Geschosse hoch und das Tribune neun; beide hatten ein Mansarddach, einen sorgfältig gestalteten und stark pittoresken zentralen Turm und reichlich Ornament. Die Bauten waren in gewissem Sinne Monumente des hochviktorianischen Stils, aber in anderer Hinsicht waren sie brandneue Wolkenkratzer, die sich 75 und 80 Meter hoch in die Luft erhoben und – zumindest im Falle des Western Union – einen beachtlichen Versuch darstellten, Vertikalität durch hohe, die Fenster flankierende Pfeiler auszudrücken. Hier gab es natürlich keine Stahlskelette, und der Stil war eindeutig historistisch – aber diese Gebäude waren kraftvoller Ausdruck der Höhe sieben Jahre vor Roots Montauk Building und mehr als zehn Jahre vor Richardsons Marshall Field. New York setzte seine aktive Bautätigkeit in den achtziger Jahren fort, aber es gab wenig Gebäude von wirklicher Bedeutung. Das Stahlskelett kam erst später in diese Stadt, es wurde zuerst 1889 von Bradford Gilbert im Tower Building (dem Turm-Gebäude) am unteren Broadway angewendet. Diese Bezeichnung war ehrgeizig, aber irreführend; denn das Gebäude war in Wirklichkeit eine Scheibe, mit der Schmalseite zum Broadway gestellt, und wirkte nur wie ein Turm. Es war mit einer großen Dekoration gekrönt, die vage an mittelalterliche Burgen erinnert. Es ist ein Bau mit ausschließlich historischen Bezügen, und es muß an dieser Stelle bemerkt werden, daß es trotz des schnellen Starts des Wolkenkratzerbaus in New York in den siebziger Jahren vier Jahre dauerte, bis das entscheidende technische Element des Hochhausbaus – das Stahlskelett – seinen Weg von Chicago nach Osten fand.

Das Equitable Life Assurance Company Building in New York von Gilman, Kendall und Post, 1870.

Chicagos kommerzieller Baustil, der sich in den achtziger Jahren fest etabliert hatte, entwickelte sich weiter und gelangte in dem darauffolgenden Jahrzehnt zur

Die Zeile der New Yorker Zeitungsbauten. Links das Rathaus (von Joseph Mangin und John McComb jr., 1811), in der Mitte das World Building (von George B. Post, 1890) und das Tribune Building (von Richard Morris Hunt, 1875), rechts das Times Building.

Reife. 1892 entstanden Burnhams und Roots Masonic und Women's Tempel, ersteres 22 Geschosse hoch und für kurze Zeit das höchste Gebäude der Welt. Beide waren eindeutig neuromanisch und stellten in gewisser Hinsicht einen Rückschritt von der Eleganz des Monadnock Building dar. Beide Gebäude hatten auch sorgfältig detaillierte, schloßähnliche Abschlüsse, was nahelegt, daß Root sich der Notwendigkeit eines Höhepunktes seiner vertikalen Komposition bewußt war – obgleich ironischerweise seine Lösung mehr den Bauten der New Yorker Historisten ähnelte als denen seiner Chicagoer Kollegen. Das Chicagos frühe Periode des Wolkenkratzerbaus krönende Gebäude wurde Mitte des Jahrzehnts errichtet. Es war Adlers und Sullivans Börse aus dem Jahre 1894, sein großer, mit einem Bogen versehener Eingang steht jetzt pathetisch als leere Skulptur auf dem Gelände der Kunsthochschule von Chicago, und das Ladengeschoß ist wiederhergestellt. Im gleichen Jahr, in dem die Börse fertiggestellt wurde, öffnete das Reliance Building seine Tore. Hier erhielt zum ersten Mal seit den ein Jahrzehnt älteren gußeisernen Fassaden das Glas eine beherrschende Bedeutung. In die Terrakottafassade des Reliance Building sind riesige Glasscheiben gesetzt, und sie besitzt eine außergewöhnliche Helligkeit, ja, Transparenz. Sie hat die Glashochhäuser von der Mitte der zwanziger Jahre unseres Jahrhunderts vorweggenommen und ebenso dramatisch mit der Vergangenheit gebrochen wie Skidmore, Owings und Merrills Lever House oder die Pepsi-Cola-Hauptverwaltung, denen es wahrhaft ebenbürtig ist.

Wenn das Realiance Building strahlend und ein für allemal (es wurde nicht imitiert oder wiederholt) den Weg in die Zukunft wies, so summierte ein anderes großes Gebäude von 1894, das Marquette Building, die Vergangenheit. Es gehörte zu den ersten großen Bauten von Holabird und Roche. Man könnte es das platonische Gebäude Chicagos nennen, denn es erscheint als der ideale Ausdruck des reifen Chicagoer Geschäftshausstils. Es ist ein anmutiger, klar proportionierter Bau in einer Kombination von Kraft und Anmut, der nur die Rookery gleichkommt. Es hat eine kräftige Basis, einen eleganten Mittelteil mit leicht zurückgesetzten Ausfachungen und ein sorgfältig detailliertes, entfernt klassizistisch anmutendes Gesims. Der E-förmige Grundriß ist rein funktional bestimmt und läßt Luft und Licht großzügig hinein. Am wichtigsten ist hier, daß das Stahlskelett an der Außenform wirklich ablesbar ist – die dicken vertikalen Pfeiler an der Außenfront verkleiden tragende Stützen im Innern, und wo sich innen keine Stützen befinden, da sind die Fenster nur durch dünne Metallsprossen geteilt. Das Ergebnis wurde als »Chicago-Fenster« bekannt – eine breite Glasfläche mit großen, feststehenden Scheiben in der Mitte und zwei drehbaren Flügeln an den Seiten.

Der Chicagoer Wolkenkratzer entwickelte sich in jenem Jahrzehnt weiter. Sullivan, dessen größte Leistungen im Hochhausbau ironischerweise außerhalb von Chicago entstanden, schuf 1895 das mit gutem Recht als sein Meisterwerk zu bezeichnende Guaranty (jetzt Prudential) Building in Buffalo. Die Formen sind hier ähnlich denen, die mit solcher Frische beim Wainwright Building auftraten. Jetzt ist das Gebäude auf 13 Geschosse erweitert und erscheint endlich als wirk-

Chicago Stock Exchange von Adler und Sullivan, 1894.

Das Reliance Building in Chicago von Burnham und Co., 1894.

liches Hochhaus, nicht als Kubus. Auch der Abschluß ist gelungener: Sullivans üppiges Ornament scheint aus den Bogen zu erwachsen, die jede Fensterreihe abschließen. Dann windet es sich um die runden Fenster des obersten Geschosses, ehe es in einem gewölbeähnlichen Gesims verschwindet. Noch bemerkenswerter ist Sullivans Basis, die hier durch innovative Planung der Ladenfronten oben zurückgebogene Fenster hat, wodurch das ganze Gebäude vom Boden abgehoben erscheint. Das Guaranty Building repräsentiert dadurch den Triumph des großartigen, geschlossenen Stils der Schule von Chicago und nimmt zugleich die Hochhäuser des Internationalen Stils vorweg, die auf Pilotis gestellt sind.

Das Ende des Jahrzehnts gehörte Sullivan. Er arbeitete zu der Zeit, nachdem seine Partnerschaft mit Adler aufgelöst war, allein. Es war der Beginn eines langen Abstiegs für den Propheten des Hochhauses, der 1924 in Armut starb und

Das Guaranty Building in Buffalo von Adler und Sullivan, 1895.

Die Basis des Guaranty Building mit der besonders gestalteten Schaufensterfront, die oben zurückgebogen ist, um scheinbar »das ganze Gebäude in die Luft zu erheben«.

während seiner letzten Lebensjahre überhaupt keine größeren Aufträge mehr erhielt, sondern nur eine Reihe kleiner, wenngleich sehr eindrucksvoller kleinstädtischer Bankgebäude im Mittelwesten plante. Jedoch entstanden um die Jahrhundertwende noch einige große Bauten einschließlich Sullivans einzigem Gebäude in New York City, dem Bayard Building von 1898 in der Bleecker Street.

Die Bedeutung des Bayard Building liegt ausschließlich in der Fassade, die Seiten und die Rückfront sind konventionell. Aber es ist eine heitere, zauberhafte Fassade, noch zarter als beim Wainwright oder beim Guaranty Building. Sullivan unterschied hier zwischen tragenden und nichttragenden Stützen, und so zeigt die Fassade dicke und dünne vertikale Linien im Wechsel, die auf den ersten Blick ausdrücken, wie das Gebäude konstruiert ist. Es ist schöner, wenn auch weniger kräftig als die beiden früheren Wolkenkratzer. Das Gesims trägt sechs Engelfiguren, ein viel bildlicheres Ornament als sonst bei Sullivan üblich, und man meint, es sei seine Absicht gewesen, sich über die New Yorker Vorliebe für pittoreske Dekorationen lustig zu machen. Es wäre ein Stück eindeutige und dramatische persönliche Architekturgeschichte, wenn das zuträfe. Aber tatsächlich geht dieses Ornament auf einen früheren Entwurf von Adler und Sullivan zurück, das nicht ausgeführte Projekt für das Trust and Savings Building in St. Louis aus dem Jahre 1893. Dieses Gebäude sollte ähnliche Ladenfronten erhalten wie das Guaranty, zurückgesetzte, aber nicht durchgehende vertikale Fenstersprossen und ein dem Bayard Building bemerkenswert ähnliches Gesims.

Drei Bauten von Holabird und Roche an der South Michigan Avenue in Chicago. Die Fassade des Gage Building rechts stammt von Louis Sullivan, 1899.

Wäre es ausgeführt worden, könnte es durchaus zu den Meisterwerken des Architekten gezählt werden.

In Chicago entwarf Sullivan eine Fassade für das Gage Building, das nördlichste einer Dreiergruppe von kleineren Gebäuden an der South Michigan Avenue von Holabird und Roche. Diese Bauten, 1899 fertiggestellt, sind klare und schöne Beispiele für den Chicagoer Stil, die nüchterne Front des Marquette Building neben der des Grant Park. Sullivans Fassade, ebenfalls aus dem Jahre 1899, ist flamboyant, mit klarem Ausdruck der tragenden Stützen wie beim Bayard, aber hier gekrönt von massigem Ornament. Diese dekorativen Elemente, die Vincent Scully mit Broschen verglichen hat, scheinen in seiner Sicht die Stützen zu halten, »die Fensterrahmen rasseln zwischen ihnen herunter wie Jalousien«. Aber diese ornamentale Krönung scheint auch die Säulen abzuschließen, als ob diese üppige Form aus ihren Schäften schösse wie das Wasser eines Geysirs.

Sullivan schuf noch einen großen Bau in Chicago, das Kaufhaus Carson Pirie Scott, das in Abschnitten von 1901 bis 1904 ausgeführt wurde. Hier ist die Bewegung nur horizontal, in einer Nüchternheit, wie sie kein anderer Bau Sullivans aufweist. Es beherrscht die Straße mit einer Art stromlinienförmigen Majestätik, die ihrer Zeit ebenso voraus war wie seinerzeit das Wainwright Building. Das Kaufhaus wird erschlossen durch einen runden Eckturm, der das einzige vertikale Element des Entwurfs darstellt. Der Eingang ist umgeben von einer üppigen Menge von Sullivans kurvilinearem Ornament, so daß man meint,

Das Bayard Building in New York von Louis Sullivan, 1898.

Carson
Pirie
Scott & co

Das Kaufhaus Carson Pirie Scott in Chicago von Louis Sullivan, 1901-1904.

in ein reiches, die Sinne gefangennehmendes Gewebe einzutauchen. Das Gebäude hat eine kleine Eingangshalle, die kürzlich fachgerecht restauriert worden ist, ein Zeichen für den anhaltenden Respekt, den der Besitzer diesem Gebäude gegenüber bewahrt hat, einem Bau, der ein nach wie vor von allen in Chicago geliebtes Meisterwerk darstellt.

Der Haupteingang des Kaufhauses Carson Pirie Scott.

WOOLWORTH BUILDING C-9352
B'way & Park place
Copyright 1913 By
IRVING UNDERHILL, N.Y.

Kapitel 3

New York als Theaterschauplatz

Das Kaufhaus Carson Pirie Scott schloß ein Kapitel in der Geschichte der Architektur ebenso endgültig ab wie eines im Leben Louis Sullivans, denn es war die letzte größere Leistung dieses Architekten, der Chicago einen eindeutig ablesbaren Hochhausstil verliehen hatte. Die Führung ging nach der Jahrhundertwende an New York über, und die Neigung dieser Stadt zum Theatralischen begann in der Gesamtentwicklung des Wolkenkratzers eine immer großere Rolle zu spielen. Das erste Equitable, das Western Union und das Tribune Building waren die Ausgangspunkte: überladene Bauwerke, die eher Bühnenausstattungsstücken glichen, als daß sie von der Suche nach einer klaren Theorie des Hochhauses zeugten, welche die Chicagoer motiviert hatte. Dennoch waren die New Yorker Bauten ebenso üppig, vielleicht sogar ebenso intellektuell diszipliniert wie ihre Chicagoer Gegenstücke. Sie waren nicht nur stärker dekoriert, sondern es gelang ihnen auch in einer Weise wie den Chicagoer Bauten nur gelegentlich, sich auf mehreren Ebenen gleichermaßen auszudrücken. Sie symbolisierten zugleich die Macht der Technik und die Macht der Geschichte – oder, anders formuliert, sie gaben die Überzeugung ihrer kommerziellen Firmenbesitzer und Mieter wieder, daß eine Adaption an die neue Technologie nicht auch ein Aufgeben der Tradition bedeuten müsse. Es waren Bauten für Besitzende – und Personen der Öffentlichkeit, welche die ganze Pracht der Vergangenheit und alle Versprechungen der Zukunft haben wollten, für diejenigen, die ihren – architektonischen – Anteil beanspruchten und auf nichts zu verzichten bereit waren. Die New Yorker Wolkenkratzer sind lange von den Architekturhistorikern ignoriert worden, die sie als fehlgeleitete Versuche betrachteten, modernen Konstruktionen historische Formen aufzusetzen. Aber es wird zunehmend klarer, daß diese Kunst des Aufsetzens – wenngleich schockierend für orthodoxe Vertreter der Moderne, die das Hochhaus nur als einen Ausdruck von Höhe und Technik betrachten – bemerkenswert gelungen sein konnte, eine Leistung, die in ihrer besten Form dem Rang der Sullivanschen Bauten nahekam.

Die seltsame Mischung aus ästhetischem Anspruch und nackter Profitgier, die New York zu Beginn dieses Jahrhunderts kennzeichnete, führte, wie wir gesehen haben, zu bitteren Argumentationen nicht nur über die Qualität der Hochhäuser, sondern auch über ihre Existenzberechtigung überhaupt. New York war im Hinblick auf die Planung eine Stadt von gewisser Anarchie. Aber diese Jahre vor dem Ersten Weltkrieg brachten unter den Kolossen, die den Himmel verdunkelten, auch nicht wenige ausgezeichnete Bauten hervor. Dazu gehört sicherlich ein Wolkenkratzer, den wir unter die größten jemals entstandenen einordnen müssen – das Woolworth Building.

Flaggs Singer und Burnhams Flatiron Building waren die geistigen Väter aller stark dekorierten, eklektischen Wolkenkratzer, die sich in jenen Jahren in Manhattan erhoben. Das Flatiron, 1903 fertiggestellt, repräsentierte einen Rückzug von der innovativen Architektur, die mit Burnhams Namen in den Tagen seiner Partnerschaft mit Root verbunden war. Hier bedeckt ein französischer Renaissanceteppich mit Ornamenten die Fassade wie ein großer, leuchtender Vorhang. Aber wenn die Klarheit des konstruktiven Ausdrucks auch hier bei Burnham nicht Priorität hatte, so machte doch die bemerkenswerte Form das Flatiron zu einem wahren ästhetischen Triumph und seinerzeit ebenso zu einem Symbol von New York wie das Empire State Building zu einem späteren Zeitpunkt.

Das Woolworth Building in New York von Cass Gilbert, 1913.

Die Form, die vermutlich aus Burnhams in die Zukunft weisendem Wunsch heraus entstand, das kleine, dreieckige Grundstück an der Kreuzung von Broadway und 23. Street aufzufüllen, läßt das Flatiron erstaunlich leicht wirken. Die Spitze des Dreiecks ist nur etwa zwei Meter breit, und von bestimmten günstigen Standorten aus erscheint das Gebäude eher wie eine dicke Mauer als wie ein Volumen, denn die Winkel des Dreiecks verwischen jegliches Gefühl der Tiefe. Noch wichtiger ist, daß der Bau sich wie ein reiner Turm erhebt, unbeeinträchtigt von den benachbarten kleinen oder großen Gebäuden. Es ist in gewissem Sinne das, was jedes Hochhaus in Manhattan anstrebt, aber nur so wenigen jemals gelungen ist.

Eduard Steichens Wiedergabe des Flatiron Building.

Das Gebäude wurde schnell zu einem Symbol von Manhattan und einem Objekt nicht enden wollenden Interesses von Fotografen und Künstlern. Edward Steichen und Alfred Stieglitz neben vielen anderen betrachteten das Flatiron Building als einen mystischen Turm, der sich sanft, fast als Bestandteil der natürlichen Landschaft, aus dem Dunst erhebt. Aber das Gebäude verwirrte auch die Öffentlichkeit im gleichen Maße – der hohe Turm erzeugte Windkräfte, und in den ersten Jahren seiner Existenz, als die weibliche Mode noch bodenlange Kleider vorschrieb, war es ein beliebter männlicher Zeitvertreib, vor dem Gebäude herumzulungern und zu beobachten, wie der Wind die Röcke der Damen in die Luft blies. Die Legende besagt, daß Polizisten damit beauftragt wurden, die 23. Straße von den Flatiron-Gammlern zu räumen.

Das Flatiron Building stellte eine frühe Ausdehnung des Wolkenkratzerdistrikts nach Norden dar. Einige Jahre lang hatte es keine Höhenrivalen unter seinen unmittelbaren Nachbarn. Es gab natürlich das Times-Hochhaus von 1904 am Times Square von Cyrus L. W. Eidlitz, das noch höher war und auf einem dreieckigen Grundriß ähnlich dem des Flatiron stand. Aber der Times Tower besaß niemals – auch nicht vor seiner brutalen Umgestaltung durch Haines, Lundberg und Waehler im Jahre 1966 – die Anmut des Flatiron; es hatte gewisse liebenswerte Züge, aber niemals erhabene.

Dann entstand im Jahre 1909 der über 200 Meter hohe Metropolitan Life Tower, bei dem New Yorks historische Neigungen ein neues Extrem erreichten. Denn hier produzierten Napoleon LeBrun und Söhne eine wahre Replik des Kampanile vom Markusplatz in Venedig in weitaus größerem Maßstab – obgleich der Architekt Pierre LeBrun die unmittelbare Verbindung zu leugnen versuchte und der *New York Times* ziemlich unredlich erklärte: »Man kann einem Architekten nicht nachsagen, daß er ein Gebäude blindlings von einem anderen kopiere. Er studiert alle Bautypen und lernt von ihnen, soviel er kann. Die Eindrücke, die er gewinnt, müssen sich in seinen nachfolgenden Werken niederschlagen . . . (Es ist) nichts anderes als sogenannte ›unbewußte Absorption‹.«

Ob dies die *Times* überzeugte, wird nicht berichtet, obgleich im Jahre vor LeBruns Kommentar der Korrespondent dieser Zeitung nach Anblick der Pläne für das noch nicht fertiggestellte Hochhaus erklärte, daß der Metropolitan Tower und der Kampanile »als Zwillingsschwestern bezeichnet werden könnten«. Aber der Schreiber fuhr fort: »Es gibt einen entscheidenden Unterschied: zwei venezianische Kampanile könnten übereinandergestellt werden und wären doch nicht so hoch wie der Metropolitan Life Tower.«

Eine bekannte Postkarte von den Windstößen beim Flatiron Building.

Das Metropolitan Life Building war nicht der erste Wolkenkratzer, bei dem der Kampanile von Venedig einem Architekten als Vorbild zur Lösung der Aufgabe diente. George B. Post, der Gegenspieler im Hochhausbau, hatte 1899 ein ähnlich abgeleitetes Gebäude, jedoch mit direktem Bezug zum Turm der Houses of Parliament in London entworfen: für den Rivalen der Metropolitan Life, die Prudential Life Insurance Company. Und davor, im Jahre 1890, hatte Bruce Price eine Anleihe beim Kampanile von San Marco gemacht für ein 30geschossiges Hochhaus, das, wie das Prudential, nie realisiert wurde.

Der Kampanile auf dem Markusplatz in Venedig.

Der Metropolitan Life Tower in New York von Napoleon LeBrun und Söhnen.

Die Entscheidung, ein bekanntes historisches Bauwerk nachzubilden, und das in einem Maßstab, der vollkommen mit seinem Vorgänger brach, war bezeichnend für das Ausmaß, in dem man den Wolkenkratzern symbolische Rollen übertrug. Für die Metropolitan Life Insurance Company war das Hochhaus eine Bestätigung ihrer Stabilität und eine Andeutung, daß die Qualitäten vergangener Kulturen in irgendeiner Weise auf sie übergegangen waren – daß die Firma des 20. Jahrhunderts nicht nur eine Hüterin der Kultur, sondern ihre Besitzerin, ihre Beherrscherin war, wie es ihre Fähigkeit, den Turm in einem größeren Maßstab nachzubilden als das Original, bewies.

Der Metropolitan Life Tower stellte trotz seiner historischen Plagiate ein schönes und wirksames Element in der Skyline der City dar. Wie das Flatiron Building stand dieses Hochhaus allein, erhob sich schlank und frei, seine Silhouette bildete ein leicht identifizierbares Symbol. Die gewaltige Uhr mit dreistökkigem Zifferblatt betonte die Rolle dieses Hochhauses als eines positiven Elements in der Stadtlandschaft bis heute – ungeachtet einer nicht gelungenen Renovierung im Jahre 1964, welche die Entfernung eines beachtlichen Teils vom Fassadenornament zur Folge hatte.

Der Kampanile erfreute sich nach der Fertigstellung des Metropolitan Life Building einer kurzen Modezeit. Das bemerkenswerteste und bizarrste Beispiel entstand in Boston, wo 1915 das Architekturbüro Peabody und Stearns einen schmalen Turm auf das alte Zollhaus stellte, dessen Kuppel eliminierte, aber den alten dorischen Portikus als Eingang erhielt. Es ist ein klassischer Tempel, aus dem ein moderner Sproß erwächst, und trotz Peabodys und Stearns' konsequenter Verwendung klassischer Details ist der Widerspruch zwischen Maßstab und Gebäudetyp nicht gelöst. Zumindest hat dieses unglückliche Gebäude uns

Der Customs House Tower in Boston von Peabody und Stearns, 1915.

Das Gebäude der Bankers Trust Company in New York von Trowbridge und Livingston, 1912.

gelehrt, wie gut sein Vorgänger, der Metropolitan Tower, im Vergleich dazu war. Viel besser, wenn auch nur aufgrund seiner Proportionen, war der dicke Turm von Trowbridge und Livingston, fertiggestellt 1912 für die Bankers Trust Company in New York. Ein pyramidenförmiger Abschluß war hier das formale Thema, gesetzt auf eine Kolonnade aus ionischen Säulen, die einen langen Schaft undekorierter Fenster krönt. Die relativ simple geometrische Krone ist das Firmenzeichen der Bank geblieben, wenn auch deren Hauptverwaltung inzwischen verlegt worden ist.

Weitaus bedeutender in der Entwicklung des historistischen Wolkenkratzers war ein von der Stadt New York in Auftrag gegebenes Gebäude zur Unterbringung seiner expandierenden Bürokratie, die längst ihrem exquisiten, kleinen Rathaus aus dem Jahre 1811 entwachsen war. Das Municipal Building, 1913 fertiggestellt, wurde von McKim, Mead und White geplant, die den Auftrag als Ergebnis eines Architekturwettbewerbs erhielten. Der Architekt war William M. Kendall, ein Partner des Büros. Charles McKim selbst hatte wenig mit dem Projekt zu tun, weil er infolge Krankheit unfähig zur Mitarbeit war (er starb im Jahre 1909, unmittelbar nachdem der Entwurf abgeschlossen war) und auch, weil er im allgemeinen nicht am Hochhausbau interessiert war. Das Gebäude ist ein Versuch, den großartigen, vom Beaux-Arts beeinflußten Klassizismus, der das Kennzeichen des Büros war, mit der Hochhausform zu verbinden. Es hat eine abgeflachte U-Form, so daß es von weitem das alte Rathaus von Südwesten zu umschließen scheint. Es steht rittlings mit einem großen Bogen über der Chambers Street (die Überquerung der Straße war eine Forderung des Wettbewerbsprogramms, keine innovative Besonderheit des Entwurfs), der dem Gebäude nicht nur einen triumphalen Eingang verleiht, sondern auch eine profunde städtebauliche Präsenz. Dies ist ein Wolkenkratzer, durch den die Stadt hindurchläuft, nicht nur außen herum. Seine Beziehung zum städtebaulichen Kontext noch intimer macht die Anwesenheit eines U-Bahn-Eingangs in einer offenen Arkade des Erdgeschosses. Es ist der Vorgänger aller mit einem Massentransportmittel integrierten Lobbys, die in späterer Zeit immer wieder überall auftraten.

Das Municipal Building in New York von McKim, Mead und White, 1913.

Das Gebäude war in städtebaulicher Hinsicht progressiver als in architektonischer. Aber der große Maßstab und die gelungene, auch begründete Verwendung klassizistischer Elemente glichen den Mangel an echter Innovation aus. Die Form folgt der klassischen Dreierteilung – eine dreigeschossige Basis, hier ausgedrückt mit korinthischen Säulen, die über dem U eine offene Kolonnade bilden; ein einfacher, beinahe weicher Schaft und ein dekoriertes zweiteiliges Kapitell, das aus einer Säulenreihe entlang den oberen Geschossen der Hauptmasse des Gebäudes besteht und einer zentral aufgesetzten neungeschossigen Folge von säulenbestandenen Türmen, gekrönt von Adolph Weinmans Statue »Civic Fame«.

Ein klassischer Tempietto über dem anderen bis zu einem zentralen Höhepunkt geben der Spitze das Aussehen von einem Hochzeitskuchen, und die Beziehung all dieser Elemente zu dem übrigen Gebäude ist alles andere als ideal. (Die Spitze ist mehr eine ornamentale Belanglosigkeit als ein logischer Auswuchs aus den 27 Geschossen der Hauptmasse.) Aber hier versuchte der Architekt – vielleicht mehr als irgendwo anders –, einen Wolkenkratzer zu errichten, der ein klassizistisches städtisches Monument darstellte, ebenso wie die Gerichtsbauten und Banken aus diesem Zeitalter. Das Municipal Building hat die Wertvorstellungen der Bestrebungen zur Verschönerung der Stadt – klassische Formen, edle städtische Räume – auf den Wolkenkratzer übertragen.

Cass Gilbert auf einem Wasserspeier oben am Woolworth Building.

Als Einzelbauwerk weit besser gelöst war das Gebäude, das als das Meisterwerk des eklektischen Zeitalters in New York zu betrachten ist: das Woolworth Building. Cass Gilbert, ein Beaux-Arts-Architekt, dessen Erfahrungen in der Planung von Hochhäusern bis dato gering gewesen waren, übernahm die Aufgabe, das höchste Gebäude der Welt als Symbol für eine der erfolgreichsten Einzelhandelsfirmen der Welt zu errichten. Das Bauwerk wurde 1913 fertiggestellt. Es erhob sich auf 260 Meter und wurde von Woolworth mit 13,5 Millionen Dollar – bar – bezahlt. Es war nie mit einer Hypothek belastet, und es blieb immer im Besitz der Firma F. W. Woolworth, die ihre Büros noch heute darin unterhält.

Die Gestaltung des Woolworth Building war gotisch; ein Stil, in dem Gilbert sich mit einem früheren Hochhausentwurf, dem West Street Building von 1907, bereits versucht hatte. West Street war ein massiver Turm, der dank Gilberts guter Detailplanung einen Eindruck von beachtlicher Leichtigkeit vermittelte. Noch wichtiger als das physische Gewicht war jedoch die Vertikalität – das der Gotik innewohnende aufstrebende Element erschien für den Wolkenkratzer besonders geeignet. Und obgleich Gilbert nicht den Ausdruck der Konstruktion anstrebte, wie Sullivan es getan hatte, gelangte er schließlich auch dahin – die vertikalen Pfeiler von West Street Building, entworfen als Imitationen gotischer tragender Elemente, haben eine auffallende Ähnlichkeit mit Sullivans vertikalen Teilen, und das Gebäude erhebt sich mit echter, fast übertriebener Grazie.

West Street war ein Versuch in Richtung der beim Woolworth Building realisierten Idee, wo die exzessiv ornamentale Geschäftigkeit der West-Street-Fassade heruntergespielt wird, gebändigt in einem gleichmäßigen, beinahe heiteren vertikalen Ausdruck. Es ist nicht unmittelbar nachgebildete Gotik – es gibt offensichtlich kein mittelalterliches Vorbild für diesen Bau –, aber es ist gotisch inspiriert in seinen Details bis zu den Terrakotta-Wasserspeiern und Strebepfeilern. Am wichtigsten ist – wenn man dies von der Detaillierung trennen kann – die Massenverteilung. Dieser Aspekt macht das Woolworth Building zu einem so gut komponierten Gebäude, daß es zugleich sowohl als reiner Turm wahrgenommen wird, wie das Metropolitan Life, wie auch als ein städtischer Block innerhalb anderer, wie das Wainwright Building. Die Basis des Gebäudes ist ein 29geschossiges, U-förmiges Volumen, die offene Seite nach Westen gerichtet, abgewendet von der Hauptfassade des Gebäudes am Broadway. Vom Zentrum der Vorderfront erhebt sich ein quadratischer Turm, der bis zur Spitze zweimal zurückspringt, wo er in einer dekorierten, mit Zinnen geschmückten Krone kulminiert.

Hier ist die ganze Schwerfälligkeit von Ernest Flaggs Singer Building, um nur ein Beispiel zu nennen, überwunden. Der schlanke Turm erscheint nicht als Fremdkörper, einem kurzen Gebäude, das ohne ihn besser wäre, unüberlegt hinzugefügt, sondern als eine natürliche Folge der Basis. Er ist von der Fassade überhaupt nicht zurückgesetzt, und die vertikalen Linien der Basis steigen aufwärts in den Turm und verbinden die unteren mit den oberen Massen. Die dünnen weißen Linien des Terrakottaornaments streben himmelwärts und sehen aus, als könnten sie sich ins Unendliche fortsetzen.

Diese Mischung aus Zartheit und Kraft hat beinahe Mozartsche Qualität, leichtes, anmutiges Detail auf eine feste und selbstsichere Konstruktion gesetzt. Spätere Kritiker, zum Beispiel William Jordy, haben zu Recht darauf hingewiesen, daß die Fassade nicht die strenge Klarheit von Sullivans vertikal betonten Wolkenkratzern besitzt. Aber das Gebäude gleicht diesen Mangel vollkommen aus, und bei seiner Fertigstellung erhielt es beachtliche Zustimmung. Unter den Kritikern herrschte seinerzeit allgemein die Empfindung, daß es hier endlich einem Architekten gelungen war, der Höhe Ausdruck zu verleihen – ein Bauwerk zu erschaffen, das stilistisch den neuen Formen entsprach. Im Jahre 1913 trafen, zumindest in New York, die theoretischen Innovationen von Chicago auf relativ geringes Interesse, und es war klar, daß, wenn ein Wolkenkratzer irgendeinen Stil, irgendeine andere Form als die eines massigen Blocks aufweisen sollte,

Der Turm des Woolworth Building mit dem Luftschiff.

der Bezug ein historischer sein mußte. Der Klassizismus des Municipal Building wirkte unpassend, der französische Beaux-Arts des Singer Building unnatürlich – aber die Gotik erschien dem New Yorker Architekten nach dem Woolworth Building als die Rettung. In diesem Stil konnte er hohe, aufstrebende Bauten errichten, die Wolkenkratzer und nichts anderes waren – und dennoch konnte er den Bruch mit der Geschichte vermeiden, den die Chicagoer befürworteten, deren Bauten er meist bestenfalls als utilitaristisch empfand. Selbst der große Kritiker Montgomery Schuyler, der mehr Respekt vor dem Chicagoer Geschäftshausstil besaß als die meisten New Yorker, schrieb, daß »diese brandneue amerikanische Gotik« den europäischen gotischen Kirchen in nichts nachstehe. Und Schuyler fuhr fort, die Vorzüge der Gotik vor den anderen Stilen dieser Periode herauszustellen: »Man kann sich kaum enthalten zu fragen, ob ein diesem unserem neuesten und größten Wolkenkratzer vergleichbarer Erfolg mit dem Repertoire unserer Pariser Architektur erreicht werden könnte.«

Der gotische Abschluß des Woolworth Building.

Cass Gilbert hatte keinen anderen Vorwand, gotische Details zu benutzen, als den rein kompositioneller Natur. Er sagte: »Für mich ist ein Wolkenkratzer durch die Höhe, die seine oberen Teile in den Wolken verschwinden läßt, ein Monument, dessen Massen immer stärker gestaltet werden müssen, je höher sie sich erheben. Der gotische Stil gab uns die Möglichkeit, den höchsten Grad des Aufstrebens auszudrücken . . . die äußerste Betonung der Masse, die allmählich an Geistigkeit gewinnt, je höher sie aufsteigt.«

Die Bewunderer des Gebäudes, die zahlreich waren, neigten dazu, dem gotischen Stil mehr Bedeutung zuzuschreiben, als Gilbert es getan hatte. »Es regt Gefühle an, die sogar für Tränen zu tief sind«, schrieb der Pfarrer S. Parker Cadman, der so weit ging, das Gebäude zur »Kathedrale des Kommerzes« zu ernennen, eine Bezeichnung, die – was nicht erstaunt – der Firma Woolworth so gut gefiel, daß sie 1917 eine Broschüre über das Bauwerk mit diesem Titel veröffentlichte.

Ein großer Teil dieser Broschüre war Fakten und Daten gewidmet, die das Publikum zu fesseln pflegen. Das Woolworth Building beherbergte 14 000 Angestellte, und von seiner kleinen Aussichtsplattform im 58. Geschoß (die seit langem für das Publikum geschlossen ist) überblickte man einen Bevölkerungsbereich von 9,5 Millionen. Der Generator des Gebäudes konnte elektrisches Licht für eine Stadt von 50 000 Einwohnern liefern, der Kessel hatte eine Kapazität von 2500 PS, und die Bunker faßten 2000 Tonnen Kohle. Die Aufzüge waren die schnellsten, die damals bekannt waren, und es gab 29 von ihnen einschließlich zweier, die expreß vom Erdgeschoß ins 54. Obergeschoß fuhren – damals der längste Weg eines Aufzugs in der ganzen Welt. Die Broschüre widmete vier ganze Seiten einer Diskussion über die Sicherheit der Aufzüge im Woolworth Building, ein Zeichen dafür, daß dies ein noch größeres Anliegen für das Publikum war als die Tatsache, daß das Gebäude 2800 Telefone hatte, 150 000 Postsendungen täglich erhielt und zirka 111 500 Kilogramm wog.

Aber es war auch Pfarrer Cadman, der den letzten Beweis für die Akzeptanz des Woolworth Building durch das Publikum lieferte. Cadman schrieb das Vorwort zu der »Kathedrale des Kommerzes« und unternahm dabei keinerlei Versuch, Gott vom Mammon zu trennen: »Ebenso wie die Religion die Kunst und die Architektur in der Epoche des Mittelalters monopolisierte, beherrscht der Kommerz die Vereinigten Staaten seit 1865 . . . Aus dem Kampf um diesen Prozeß haben sich erfreuliche Vorzüge entwickelt . . . Hier auf der Insel Manhattan und auf ihren südlichen Anschlüssen steht eine Reihe von Gebäuden ohne Vorläufer oder ebenbürtige Bauten . . . Unter diesen ist das Woolworth Building die Königin, als oberste anerkannt von allen Liebhabern aus der Stadt und dem Land, von Kritikern aus nah und fern, von allen denen, die nach Vollkommenheit streben, und jenen, die, um sie zu erreichen, sichtbare Dinge benutzen.«

Gotische Details wurden auch im Innern verwendet: die Fahrstühle.

Kapitel 4

Die Hochhäuser rücken zusammen

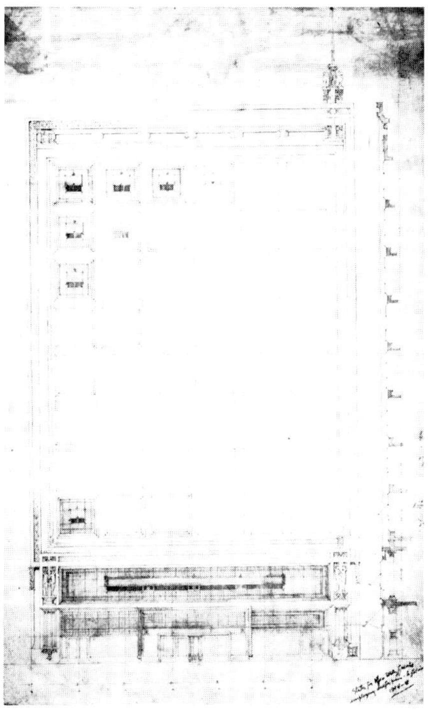

Ansichtszeichnung von Frank Lloyd Wright für das Hochhaus Luxfer Prism, 1895.

Bis zum Ersten Weltkrieg waren die Wolkenkratzer zu einem etablierten Faktum der urbanen Realität geworden, nicht nur in New York und Chicago, sondern in fast allen Städten der Vereinigten Staaten. Die meisten Hochhäuser wurden von gutgehenden kommerziellen Architekturbüros geplant, Organisationen wie der großen Firma von Burnham und Co., später Graham, Anderson, Probst und White oder vom Büro Francis H. Kimball, dem New Yorker Architekten, der die gewaltigen Bauten am Broadway Nr. 111, 115 und 165 entworfen und sich auf die Schaffung riesiger Raumhüllen für Immobilienmakler spezialisiert hatte.

Aber das Problem der Planung von Hochbauten begann zunehmend andere Architekten zu interessieren – auch solche, deren Arbeit mehr auf die theoretische als auf die kommerzielle Seite der Architektur gerichtet war und deren Hochhausentwürfe nicht das Ergebnis von Aufträgen von Immobilienmaklern für aktuelle Bedürfnisse war. Frank Lloyd Wright zum Beispiel, dessen praktische Tätigkeit weitgehend, wenn auch nicht ausschließlich, im Wohnungsbau bestand, war seit seiner Lehrzeit bei Louis Sullivan von Wolkenkratzern fasziniert. Im Jahre 1895 erarbeitete er einen Entwurf für ein zehngeschossiges Hochhaus, welches das konstruktive Skelett in einem regelmäßigen Fassadenraster mit glatten, durchscheinenden Platten als Ausfüllung ausdrückte. Der Luxfer Prism, wie das Projekt genannt wurde, war so erstaunlich, daß es von Henry-Russell Hitchcock als »epochemachend« bezeichnet wurde. Wäre er gebaut worden, hätte er mit Sicherheit die Entwicklung des Hochhausbaus von Chicago in den neunziger Jahren des vorigen Jahrhunderts verändert. (In gewisser Weise ähnlich war Willis Polks Hallidie Building, errichtet in San Francisco im Jahre 1917. Seine siebengeschossige Fassade besteht ganz aus Glas, das auf ein tragendes Skelett angebracht und hinter ornamentale Metallbrüstungen gesetzt ist. Es wurde kürzlich restauriert. Hallidie stellt sich noch heute als ein außergewöhnlich zukunftsweisendes Gebäude dar, dekorativ und streng zugleich.) Größer im Maßstab waren zwei spätere Hochhausprojekte von Wright, ein Entwurf von 1920 für das Press Building in San Francisco und ein anderer von 1924 für ein Gebäude der National Life Insurance in Chicago. Beim Projekt aus dem Jahre 1920 waren starke vertikale Elemente in einen schweren Mauerwerkrahmen gesetzt, gekrönt von einem breiten Gesims. Der Entwurf zeigt Anklänge an Sullivan, aber er wirkt, als seien Wrights kleinere Häuser auf Hochhausmaßstab aufgeblasen, allerdings ohne die üblicherweise solchen Verschiebungen anhaftende Unbeholfenheit. Der Entwurf von 1924 war innovativer: Er zeigt eine 27stöckige Konstruktion, die vollkommen von zentralen Stützen auskragt, mit Glaswänden, die an den Rändern jedes Geschosses aufgehängt waren. Das Gebäude sollte schmale, tafelförmige Flügel erhalten, die von einer langen, zentralen Scheibe vorstoßen, eine Form, die ebenso neu war wie die Technik ihrer Tragkonstruktion. National Life hätte, ebenso wie Luxfer Prism, die Richtung der Geschichte des Hochhausbaus bestimmt, wenn es gebaut worden wäre. Der Entwurf stellt einen weiteren Beweis dafür dar, wie innovativ Wright sowohl in bezug auf die Technologie als auch auf die Ästhetik war.

Wright war nicht der einzige, der die Möglichkeiten eines im wesentlichen aus Glas bestehenden Wolkenkratzers erwog. 1921 und 1922, noch bevor der Entwurf für National Life fertiggestellt war, hatte Ludwig Mies van der Rohe zwei

Studie von Hugh Ferriss zur Massierung von Hochhäusern. Blatt aus einer Serie von fünf Zeichnungen.

großartige, imposante Entwürfe für Hochhäuser vorgelegt, die vollkommen mit Glas verkleidet waren. Sie waren weit abstrakter als diejenigen von Wright. Eines hatte eine prismatische Form, das andere gekrümmte Außenwände. Mies rechtfertigt seine Anwendung von Glas durch die Behauptung, daß es mehr als jedes andere Material die Forderung nach Ausdruck der Konstruktion erfülle: »Nur im Bau befindliche Wolkenkratzer zeigen die kühnen konstruktiven Gedanken«, schrieb er im Jahre 1922. »Überwältigend ist dann der Eindruck der hochragenden Stahlskelette. Mit der Ausmauerung der Fronten wird dieser Eindruck vollständig zerstört, der konstruktive Gedanke, die notwendige Grundlage für die künstlerische Gestaltung, vernichtet und meist von einem sinnlosen und trivialen Formenwust überwuchert. Im besten Fall imponiert jetzt nur die tatsächliche Größe, und doch hätten diese Bauten mehr sein können als eine Manifestation unseres technischen Könnens. Allerdings müßte man auf den Versuch verzichten, mit den überlieferten Formen eine neue Aufgabe zu lösen, vielmehr ist aus dem Wesen der neuen Aufgabe heraus die Gestaltung ihrer Form zu versuchen.«

Mies' Ansichten nahmen, ganz abgesehen von seinen tatsächlichen Formen, Entwicklungen vorweg, die erst in der zweiten Hälfte dieses Jahrhunderts All-

Das Hallidie Building in San Francisco von Willis Polk, 1917.

Der Chicago Tribune Tower von Hood und Howells, 1925.

gemeingut geworden sind. »Meine Versuche an einem Glasmodell wiesen mir den Weg, und ich erkannte bald, daß es bei der Verwendung von Glas nicht auf eine Wirkung von Licht und Schatten, sondern auf ein reiches Spiel von Lichtreflexen ankam«, schrieb er. Und er erwähnte, daß er die Elemente der Glaswand im prismatischen Hochhaus leicht angewinkelt gesetzt hatte, »um der Gefahr der toten Wirkung auszuweichen, die sich oft bei der Verwendung von Glas in großen Flächen ergibt« – eine Befürchtung, die von Mies' Nachfolgern in späteren Jahren viel zuwenig beachtet worden ist.

Das Hochhaus blieb ein durch und durch amerikanischer Bautyp. In den zwanziger Jahren und später waren die europäischen Städte aus wirtschaftlichen ebenso wie aus entwicklungsgeschichtlichen Gründen einfach nicht darauf eingerichtet, in die Höhe zu bauen. Aber das minderte nicht das Interesse am Hochhaus bei der europäischen Architektenavantgarde, die, der Führung von Mies folgend, Projekte für Hochbauten entwarf auch ohne die Gewißheit, daß sie ausgeführt würden. In der Tat nutzten viele Europäer die besondere Gelegenheit, solche Entwürfe zu produzieren, indem sie an dem bedeutenden Wettbewerb der Chicago Tribune im Jahre 1922 teilnahmen, die ein Projekt für ihr neues Hochhaus in Chicago auswählen wollte. Der Wettbewerb erwies sich als großes architektonisches Ereignis der ersten Jahrhunderthälfte, eine Art Weltausstellung des Wolkenkratzers. Er lieferte zweifellos eine klare Übersicht über den Stand der Hochhausplanung an diesem Punkt der Geschichte, wie man sie sich nur wünschen konnte: Gelockt von der Aussicht eines Preises von 50 000 Dollar und der Chance, ein großes Hochhaus im Zentrum von Chicago zu bauen, nahmen 260 Architekten aus der ganzen Welt am Wettbewerb teil. Das Programm faßte die Anliegen der Hochhausbauer und -besitzer in den frühen zwanziger Jahren zusammen – es verlangte ein Gebäude, das gleichermaßen die Macht und Autorität der Zeitung symbolisierte, eine effiziente funktionierende Hauptverwaltung darstellte und die Entwicklung der Architektur fördern sollte.

Die Gewinner waren John Mead Howells und Raymond Hood, deren gotischer Turm, gekrönt von einem Kranz aus Strebepfeilern, heute noch ein Wahrzeichen der North Michigan Avenue darstellt. Es ist ein prächtiger, wenngleich wenig innovativer Entwurf. Während ihm die beachtliche Anmut des Woolworth Building abgeht, wirkt es ausgewogen in den Proportionen und selbstbewußt im Gesamteindruck. Es ist ein Gebäude, das die Zeit besonders gut überstanden hat, und im Rückblick auf die Entwürfe nach 50 Jahren läßt sich nicht sagen, daß das Preisgericht eine falsche Wahl getroffen hätte. Sein Urteil war konservativ, aber eindeutig. Größeren Einfluß auf die Architekturgeschichte hatte eine Anzahl der nicht ausgezeichneten Entwürfe – obgleich sie nach heutigem Urteil nicht unbedingt von höherer Qualität waren. Sehr einflußreich war der Entwurf von Eliel Saarinen, der einen abgestuften, axialen Turm vorlegte, dessen Massen wie Berge aufragten. Er erhielt den zweiten Preis, und der Beifall, der ihm zuteil wurde, war derart, daß er Saarinen veranlaßte, in die Vereinigten Staaten auszuwandern. Louis Sullivan schrieb eine Würdigung über Saarinens Entwurf, und viele Architekten imitierten ihn im darauffolgenden Jahrzehnt – selbst Raymond Hood übernahm Elemente aus Saarinens Projekt in einige seiner späteren Bauten. Es war die Plastizität von Saarinens Entwurf, welche die Architekten überzeugte. Er wirkte geformt, nicht konstruiert, und das erschien neue ästhetische Möglichkeiten zu eröffnen. Sullivan, der aus seiner Zurückgezogenheit schrieb, nannte ihn »eine Weise, vielstimmig und reich, die aus der Vielfalt und der Freude des Lebens erklingt«. Heute erscheint der Entwurf von Saarinen, wenngleich gekonnt, so doch schwächer als der preisgekrönte. Er hat eine gewisse Anmut, aber nicht die Brillanz und die Genialität, die ihm zugeschrieben wurde. Weit innovativer waren einige andere europäische Beiträge – der klare Entwurf von Walter Gropius und Adolph Meyer, Bauhausexperiment und Wür-

Fünf nicht ausgeführte Entwürfe für den Wettbewerb der Chicago Tribune im Jahre 1922. Von links nach rechts: Eliel Saarinen (2. Preis), Finnland; Walter Gropius und Adolf Meyer, Deutschland; Heinrich Mossdorf, Deutschland; Adolf Loos, Frankreich; Alfred Fellheimer und Steward Wagner, USA.

digung des alten Chicagoer Hochhausstils zugleich; der eher kühle Entwurf von Knut Lönberg-Holm mit Außenwänden in unterschiedlichen Farben, der die spätere Vorliebe für glatte Flächen beim Hochhaus vorwegnimmt; die Emerald-City-Vision des Franzosen J. Batteux, ein nüchterner klassizistischer Turm, der sich zu einer flamboyanten zentralen Klimax erhebt, oder die glatten, schwebenden Flächen von Bernard Bijvoet und Johannes Duiker aus Holland, deren Entwurf eine raffinierte Studie in Horizontalen war und der, wie viele holländische Arbeiten aus der Zeit, die europäische Moderne mit Elementen von Frank Lloyd Wright verband. Die Holländer und die Deutschen als Gruppe zeigten sich, obgleich einige wenige Zuflucht zu historischen Stilen suchten, einer modernen Gestaltung am meisten verpflichtet – und wie Gropius und Meyer versuchten sie, die Vorstellungen der sich damals entwickelnden europäischen modernen Architektur mit den Forderungen des amerikanischen Hochhauses als Gebäudetyp zu verbinden.

Eine Anzahl von Entwürfen war bewußt häßlich, etwa Heinrich Mossdorfs Vorschlag eines Turms, der von dem massigen Kopf eines Indianers gekrönt war, sein Tomahawk als kleiner Turm – das Ganze die ironische Sicht eines Europäers von dem, was amerikanischer Symbolismus und Ornament beinhalten sollten. Adolf Loos' Vorschlag eines Wolkenkratzers, der im wesentlichen aus einer dorischen Säule bestand, wurde, wie der Saarinens, viel diskutiert, wenn auch nur wegen seines schockierenden Effekts. Aber wie Manfredo Tafuri betont hat, scheint der Entwurf ernst gemeint gewesen zu sein. Auf jeden Fall gab es noch zwei andere Entwürfe, bei denen eine runde Säule als logische Lösung für das symbolische, freistehende Hochhaus angesehen wurde.

Die Amerikaner tendierten überwiegend zum Historismus. Es ist klar, daß um 1922 der gotische Stil die allgemein akzeptierte Mode für den historischen Wolkenkratzer war. Im amerikanischen Kontingent gab es 20 neugotische Entwürfe, und sie waren selbstsicherer als die anderen, obgleich das allgemeine Qualitätsniveau der eklektischen amerikanischen Beiträge höher war. Es fehlten auch nicht die Hochhäuser mit klassischen Tempeln und orientalischen Kuppeln als Abschluß – als ob die Architekten, weit davon entfernt, bei der Verwendung historischer Formen Schuldgefühle zu entwickeln (wie sie Mies und vor ihm Sullivan geäußert hätten), sich freier als je zuvor fühlten. Die Geschichte war für die amerikanischen Architekten Anfang der zwanziger Jahre wie ein riesiger Selbstbedienungsladen – alles stand zur Verfügung, mit dem visuellen Vergnügen als einzigem Kriterium für die Auswahl. Es schien, als ob der Geist der New Yorker Eklektiker, der in Chicago nicht lange zuvor als dekadent abgelehnt worden war, sich als der wahre Sieger im Wettbewerb der Chicago Tribune erwiesen hatte.

Die in diesen Jahren erbauten Hochhäuser unterstützten die Tendenz, die Kunst der Komposition zum eigentlichen Ziel zu machen. Der Hochhausbau war weitgehend zu einer Zusammenfügung von Teilen in ein zusammenhängendes Ganzes geworden, selbst in Chicago, wo das große Ereignis, das dem Wettbewerb für die Chicago Tribune vorausging, das weiße Wrigley Building von Graham, Anderson, Probst und White aus dem Jahre 1921 war: ein strahlendes Bauwerk, inspiriert von McKim, Mead und Whites Municipal Building, aber mit einem Turm, der dem Glockenturm Giralda in Sevilla nachgebildet war. Die Proportionen sind unglücklich – der Turm ist schmächtig, wie der von Flaggs Singer Building –, aber das Gebäude zeigte sicherlich die neue Richtung an, in die sich die Architektur in Chicago bewegte. Geschlossener, wenn auch nüchterner waren die neoklassizistischen Bauten, etwa Benjamin Wistar Morris' stattliches Cunard Building in New York von 1921 oder Carrères und Hastings' Standard Oil Building von 1926, das letztere ein städtebaulich besonders verantwortungsbewußtes und phantasievolles Gebäude – es hat eine gekrümmte Basis, welche die Neigung des unteren Broadway nachvollzieht. Darauf sitzt ein quadratischer Turm, der nach dem Straßenraster in diesem Stadtbezirk orientiert ist. So entspricht dieses Gebäude den widersprüchlichen Forderungen seiner unmittelbaren Umgebung im besonderen und der Skyline der Stadt im allgemeinen zugleich. Es ist monumental, wie es sich für die Hauptverwaltung von John D. Rockefellers Unternehmen gehört, aber es ordnet sich auch ein.

Der eindeutige Klassizismus von Standard Oil setzte sich in den zwanziger Jahren fort, aber mit dem Ablauf des Jahrzehnts begann er allmählich, einem nüchternen, fast glatten Stil zu weichen. Der Einfluß von Saarinens häufig veröffentlichtem Entwurf für den Wettbewerb der Chicago Tribune beeinflußte – abgesehen davon, daß sich die amerikanischen Architekten zunehmend den strengen modernen Internationalen Stil, der sich in Europa entwickelte, aneigneten – mehrere große Bauten der zweiten Hälfte des Jahrzehnts. Am beachtlichsten war die Hauptverwaltung der New York Telephone Company in Lower Manhattan von Ralph Walker vom Büro Voorhees, Gmelin und Walker. 1926 fertiggestellt, erhob sich das Telephone Building prächtig mit einem dicken Turm von einer noch dickeren Basis und mit einer Vielzahl von Versprüngen. Die Schlankheit und Feinheit des Woolworth Building suchte man vergebens, obgleich die Details verschwenderisch waren und gotische Anklänge zeigten.

Der Turm des Wrigley Building in Chicago von Graham, Anderson, Probst und White, 1921.

Das Wrigley Building bei Nacht.

Das Standard Oil Building in New York von Carrère und Hastings, 1926.

Dennoch war das Telephone Building auch deutlich von der kurz zuvor stattgefundenen Exposition des Arts Décoratifs in Paris beeinflußt: Die reich dekorierte Eingangshalle kann nur als Art Déco bezeichnet werden.

Barclay-Vesey, wie das Gebäude auch genannt wurde – es nimmt den Block an der West Street zwischen Barclay und Vesey Street ein –, ist städtebaulich von noch größerer Bedeutung als das Standard Oil Building. Wie bei diesem ist der Turm quadratisch und dem Straßenraster der Stadt entsprechend gestellt, während die Basis der davon abweichenden Form des einen ganzen Block einnehmenden Grundstücks – in diesem Falle ein Parallelogramm – folgt. Der Bau hat auch Arkaden an der Vesey Street – in Anspielung an die Rue de Rivoli in Paris –, von denen man erwartet haben mag, daß sie einen attraktiven Geschäftsbereich schaffen. Aber das trat aufgrund der Situation des Gebäudes – fernab von den verkehrsreichen Gebieten – nie ein.

Das Gebäude der New York Telephone Company, bekannt als Barclay-Vesey Building, in New York von Voorhees, Gmelin und Walker, 1926.

Die Glocke der Telephone Company ist der Mittelpunkt des naturalistischen Ornaments über dem Haupteingang zum Gebäude.

Vielleicht am wichtigsten von allem ist, daß das Gebäude einer berühmten Serie von Zeichnungen des Künstlers Hugh Ferriss gemäß den Flächennutzungsbestimmungen von 1916 am meisten entsprach. Diese wurden erst mit dem Bauboom Mitte der zwanziger Jahre spürbar. Ferriss' Skizzen, die er zusammen mit dem Architekten Harvey Wiley Corbett angefertigt hatte, zeigten Bauten, die sich wie Berge erhoben, gewaltige, einschneidende Massen. Im Jahre 1922 produzierte Ferriss einen Satz von fünf Zeichnungen, die darstellten, was er als die fünf Stufen der Entwicklung eines Entwurfs ansah. Die Serie begann mit der Illustration der unter den gültigen Bestimmungen möglichen Ausnutzung; sie wurde in den folgenden Zeichnungen allmählich reduziert, um vernünftige Belichtung, eine sinnvolle Konstruktion und verkäufliche Geschosse zu erzielen. Die Serie ist eine Progression von einer rein abstrakten Masse zu einem Gebäude, das, wenn es auch größer ist, beachtliche Ähnlichkeit mit Saarinens Turm oder dem Telephone Building hat.

Ferriss war einer der großen Architekturzeichner der Neuzeit. Seine Bauten – sowohl Darstellungen von Gebäuden anderer Architekten als auch eigene phantasievolle Entwürfe – ragten drohend auf wie große, prächtige, dunkle Berge. Der Zeichenstil von Ferriss wurde zum entscheidenden Faktor in der Prioritä-

Die Füße dieses Arts-and-Crafts-Tisches im Sitzungssaal des Telephone Building stellen Hochhäuser dar.

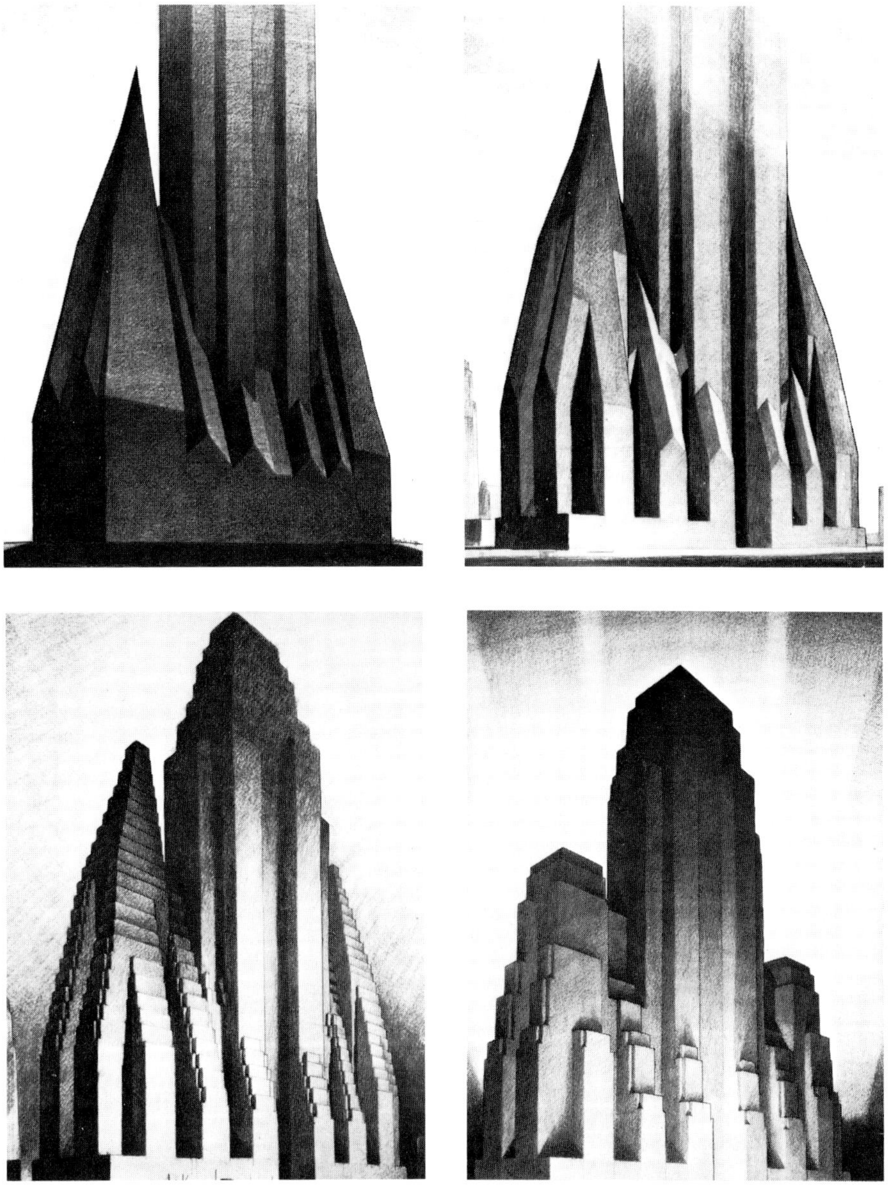

Vier aus einer Serie von fünf Zeichnungen von Hugh Ferriss, welche die mögliche Massierung von Wolkenkratzern entsprechend den New Yorker Bauvorschriften um 1920 zeigen. Die Blätter entstanden 1922 in Zusammenarbeit mit Harvey Wiley Corbett.

tensetzung der zwanziger Jahre; seine Visionen von der Auswirkung der Flächennutzungsplanung haben die Architekten jener Zeit ebenso beeinflußt wie das Gesetz selbst. Gebäude aus Mauerwerk suchten die Wirkung von plastischen Bergen anzunehmen, und ihre Form erschien plötzlich wichtiger als ihr historisches Detail oder sogar ihr Stil.

Und kein Bauwerk artikulierte diese neue Tendenz zur plastischen Masse deutlicher als das Barclay-Vesey Building. Walkers Gebäude war Gegenstand beachtlicher Zustimmung. Lewis Mumford, der bereits aufgegeben hatte, daß die amerikanischen Wolkenkratzer jemals aus dem, was er als den »Morast des Historismus« bezeichnete, ausbrechen würden (»Die Maske der amerikanischen Architektur war eingefroren; das Gesicht war tot, die Hochhäuser wurden alt geboren«, schrieb er), sah hier ein neues Zeitalter heraufdämmern. »Man muß nur die ungebrochenen Flächen des Barclay-Vesey mit der Überschwenglichkeit, der Überbetonung der Vertikalen mit den ornamentalen Tricks der älteren Hochhäuser wie dem Woolworth oder dem Singer vergleichen, um die Vorzüge dieses Entwurfs zu erkennen.«

Es war der moderne Ausdruck, der Mumford gefiel – das Gefühl, daß die Massierung dieses Turms die Idee seiner Konstruktion übermittelte. Für den

Das New York Tribune Building. Die Zeichnung wird Richard Morris Hunt zugeschrieben, 1873.

THE·TRIBUNE
SUN
PRINTING-HOUSE

Public Office Building in Portland, Ansicht vom Park. Zeichnung von Michael Graves, 1980.

Pine Street 70 in New York. Zeichnung von John Wenrich, 1935.

Postkarten von berühmten New Yorker Bauten. Von oben nach unten: Metropolitan Life Tower, Woolworth Building bei Nacht, Flatiron Building.

Zwei Gemälde des Shelton Hotels von Georgia O'Keeffe. »Das Shelton in der Sonne«, 1926.

»Nacht in New York«, 1928/29.

Louis Lozowick: »Chicago«, um 1923.

Richard Haas: »Westansicht von Chicago von der Michigan Avenue beim Chicago River«, 1977/78.

Die Eingangshalle des Gebäudes Park Avenue 2 in New York.

Die Fahrstuhltüren im Chrysler Building aus exotischen Hölzern.

Die Eingangshalle des Empire State Building.

Park Avenue 2 in New York von Ely Jacques Kahn, 1927.

Art-Déco-Ornamente an der Ecke des Gebäudes Park Avenue 2.

Das IDS Building in Minneapolis.

Moralisten Mumford, der immer eine Vorliebe zum Stil von Chicago gehabt hatte, war dies entscheidend. »Wir malen keine Stiefmütterchen auf unsere Schreibmaschinen oder Hunde auf unsere Autos . . . und wenn wir unsere übrige Umgebung ebenso neu gestalten, wie wir diese neuen Beigaben gestaltet haben, würden wir sie ähnlich auf das Wesentliche beschränken«, schrieb er: »Die Form in der Funktion zu erkennen durch ihren klaren, deutlichen Ausdruck macht das moderne Gefühl aus.« Dennoch brach hier der humanistische Impuls des Kritikers durch, und er gab zu, daß der bloße Ausdruck der Konstruktion nicht genug war: »Aber wir sind immer noch Menschen, keine Dynamos oder Dieselmotoren, und es muß noch etwas anderes geben.«

Mumfords ziemlich dogmatische Sicht der Moderne konnte das Telephone Building nicht ohne einige Kritik lassen. Er fand das verschlungene, fast naturalistische Ornament der Eingangshalle und der unteren Geschosse an der Fassade – ein Ornament, das viel naturgetreuer und weniger gefällig als das Sullivans, aber dennoch überwältigend ist – »warm und intim und ein wenig verwirrend«, und er verglich es mit »einer Dorfstraße bei einem Volksfest«. Was Mumford störte, war der Mangel an Integration von Dekoration und Konstruktion – Walkers Ornament schien aufgesetzt, nicht dem Bauwerk zugehörig, und in diesem Sinne bedeutete das Barclay-Vesey Building, zumindest für den orthodoxen modernen Kritiker, nicht den wirklichen Fortschritt von den dekorierten klassizistischen Türmen, als der es auf den ersten Blick gewirkt hatte.

Heute erscheint diese Diskrepanz weniger störend und sogar positiv – sie deutet an, daß Walker sich der sehr unterschiedlichen Aufgaben einer Eingangshalle und einer Gesamtkonstruktion bewußt war und daß er den Vorrang der Erfüllung dieser beider Rollen im größtmöglichen Maße vor jeglicher aufgezwungenen und künstlichen Einheitlichkeit erkannte. Aber es ist nicht erstaunlich, daß Mumford damals im Jahre 1928 als wahren Vorboten des neuen Zeitalters ein weit weniger anmutiges Gebäude ansah: das breite, kastenförmige Haus Park Avenue 2, 1927 von Ely Jacques Kahn erbaut. Dieses frühe Bauwerk erhob Kahn in die Position eines führenden Architekten der New Yorker Art-Déco-Geschäftsbauten, ebenso wie es das Telephone Building für Ralph Walker bewirkt hatte. Kahns gewaltige Masse wird gemildert durch ein lebendiges, spannungsreiches Aufgebot von Art-Déco-Details aus Keramik in leuchtenden Farben. Der Bau ist eher grotesk als schön, aber er faßt die Energie des Augenblicks hervorragend zusammen – er ist gespannt, nervös, dynamisch. Kahn errichtete im Anschluß daran eine Reihe ähnlicher Bauten in ganz Manhattan, einschließlich des gelungenen, massierten Squibb Building von 1930, aber die meisten von ihnen waren wie das Gebäude Park Avenue 2 bedeutender aufgrund ihrer Detaillierung als ihrer Gesamterscheinung.

Der Einfluß der Pariser Ausstellung begann in New York erst in der Mitte dieses erregenden Jahrzehnts spürbar zu werden, und andere Elemente als Details, etwa der Trend zur Stromlinienform, der in den kommenden Jahren zum amerikanischen Art-Déco-Stil beitrug, waren überhaupt noch nicht aufgetreten. Ebenso einflußreich waren um die Mitte der zwanziger Jahre zwei andere Bauten in Manhattan, die beide 1924 fertiggestellt wurden: Raymond Hoods American Radiator (heute American-Standard) Building an der 40th Street gegenüber dem Bryant Park und Arthur Loomis Harmons Shelton Hotel an der Lexington Avenue.

Das Radiator Building war ein kleines, nur 21geschossiges Hochhaus, aber Hood bewies hier, noch mehr als zuvor beim Entwurf mit seinem Partner Howell für die Chicago Tribune, seine Fähigkeit, die verschiedenen auf die Hochhausplanung einwirkenden Einflüsse zu assimilieren und aus ihnen etwas sowohl Einheitliches als auch Neues zu produzieren. Das Radiator Building verband die Massenverteilung von Saarinens Tribune-Projekt mit Hoods eigenen

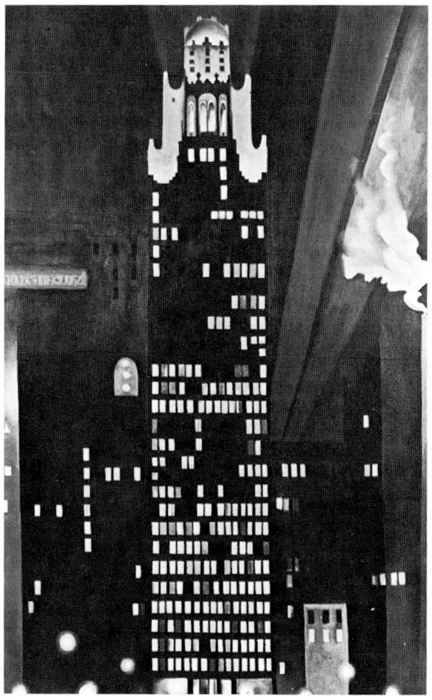

»American Radiator«, Gemälde von Georgia O'Keeffe, 1927.

Das American Radiator Building (heute American Standard Building) in New York von Raymond Hood, 1924.

Das Shelton Hotel (heute Halloran House) in New York von Arthur Loomis Harmon, 1924.

gotischen Neigungen. In gewisser Beziehung ist es die Verbindung der Entwürfe des ersten und des zweiten Preisträgers von Chicago in einem einzigen Gebäude. Es ist schwarz – Hoods Methode, das Gebäude wie eine plastische Masse aussehen zu lassen – und nicht durch Fenster unterbrochen, die häufig bei hellen Bauten wie schwarze Löcher aussehen. Die Spitze ist in Gold dekoriert, was dem Turm eine leuchtende Eleganz verleiht und die Wirkung der verspielten Wolkenkratzer der dreißiger Jahre vorwegnimmt. Die Seitenansicht läßt ein viel größeres Gebäude vermuten; es war Hoods Gabe, erfolgreiche Illusionen in der Massierung zu erzeugen. Er wußte den Bau auch gegenüber dem Bryant Park so zu plazieren, daß der Turm aus der Entfernung sichtbar war.

Das American Radiator Building stellte eine bemerkenswerte Synthese dar, ein zugleich ehrgeiziges und ausgewogenes, üppiges und diszipliniertes Bauwerk. Arthur Loomis Harmons Gebäude besitzt nicht annähernd die Anmut von dem Hoods: Sein Shelton Hotel (heute Halloran-Haus) ist vollkommen nüchtern, sogar die romanischen Details an der Basis und den Vorsprüngen wirken nicht schmückend. Hier war die Massenverteilung entscheidend: Dies war eines der ersten großen Hochhäuser, das nach den Bauvorschriften von 1916 errichtet war. Es wurde wie die Zeichnungen von Hugh Ferriss zu einem Lehrbuch-Beispiel dafür, wie das Hochhaus der Zukunft aussehen sollte. Hier hatte, wie beim Barclay-Vesey Building, die Form Priorität, nicht das Detail. Ein Tonmodell hätte die Ideen des Architekten weit besser gezeigt als eine sorgfältig detaillierte Zeichnung. Aber das zurückspringende Hochhaus von Harmon drückt beachtliche Kraft aus, und die verhältnismäßig ungebrochenen Massen beeindruckten die Avantgarde der Stadt. Die Künstlerin Georgia O'Keeffe malte eine Reihe von berühmt gewordenen Bildern, die auf den kräftigen Formen des Shelton basieren.

In der zweiten Hälfte der zwanziger Jahre entstand eine stattliche Reihe von Hochhäusern, die in gewisser Weise viel ausgereifter waren als ihre Vorläufer vor dem Ersten Weltkrieg. Denn zu dieser Zeit schienen sich Chicagos Vorliebe für den konstruktiven Ausdruck und New Yorks Theatralik verbunden zu haben. Sie vereinigten sich in einer Reihe von Gebäuden in diesen und anderen Städten im ganzen Land, die elegant, unbedingt hoch, gelungen in der Massierung und üppig dekoriert waren. Bauten wie das Barclay-Vesey und das American Radiator waren die Anführer von buchstäblich Dutzenden anderer Wolkenkratzer – so vieler ausgezeichneter Bauwerke, daß es keine Übertreibung ist, die zwanziger Jahre als die fruchtbarste Periode des Hochhausbaus seit den frühen Jahren in Chicago zu bezeichnen. Die Bauten dieses Jahrzehnts waren gelöster, entspannter als ihre Gegenstücke aus den achtziger Jahren des 19. Jahrhunderts. Ihre Architekten waren durch und durch romantisch, sie kümmerten sich weniger um Dogmen als die Planer im alten Chicago, und sie waren weit geschicktere Kompositeure als die frühen Designer aus New York.

Die Ergebnisse dieses Jahrzehnts sind, mit Ausnahme der eindeutigen Wahrzeichen wie das Barclay-Vesey und das American Radiator, von den Architekturhistorikern weitgehend ignoriert worden, weil sie wenig wirklich Neues aufwiesen. Die Technik hatte sich seit dem Woolworth Building nicht entscheidend geändert – der Wolkenkratzer war immer noch eine Mauerwerkskonstruktion auf dem Stahlskelett, und Architekten, die etwas anderes forderten – etwa Mies van der Rohe und Frank Lloyd Wright –, bauten nur wenig. Aber das Fehlen signifikanter technischer Entwicklungen mag auch zur besonderen Qualität der Periode beigetragen haben, denn die Planer, befreit von den Fesseln der Grundregeln des Hochhausbaus, konnten ihre Aufmerksamkeit jetzt auf die Verfeinerung ihrer Errungenschaften konzentrieren.

Im Laufe des Jahrzehnts, als die sich schnell entfaltende Wirtschaft zur Entstehung immer neuer Wolkenkratzer führte, wurde es zunehmend klarer, daß die

MERGING
TRAFFIC

Entwurf für den Madison Square Tower in New York von Bertram Grosvenor Goodhue.

Das Panhellenic Hotel (heute Beekman Tower Hotel) in New York von John Mead Howells, 1928.

Gestalter hoher Gebäude in den Grenzen der wirtschaftlichen und baulichen Beschränkungen eine romantische Ausdrucksform bevorzugten. Die Komposition war alles: Die Verteilung der Massen und die darauf angebrachten Details wurden wichtiger als jede Stilwahl. Mit anderen Worten: Ob man gotisch oder klassizistisch baute, war für viele Architekten keine Frage der Moral. Ihre Verpflichtung sahen sie in der Erzeugung eines angenehmen visuellen Erscheinungsbildes mit allen verfügbaren Mitteln.

Hood und sein früherer Partner, John Mead Howells, waren vermutlich die begabtesten Hochhausgestalter. Hood hatte sein Talent beim American Radiator Building bewiesen und erzielte in den dreißiger Jahren noch größere Leistungen. Howells konnte erst 1928 zeigen, daß auch er von Saarinens Chicago Tribune Building ebenso wie von seinem eigenen preisgekrönten Entwurf gelernt hatte. Howells' Panhellenic (heute Beekman Tower) Hotel in New York ist ein glatt gemachtes American Radiator Building mit tiefen vertikalen Einschnitten, ein kleines orangefarbenes Hochhaus, das auf die harten Linien der dreißiger Jahre hinweist.

Hood war zweifellos das größere Entwurfstalent. Im Gegensatz zu Sullivan oder Root suchte Raymond Hood nach keinem engen Dogma in der Hochhausplanung. Er war ein intuitiver Gestalter, kein Polemiker. Aber sein offen zugegebener Mangel an Ideologie unterschied ihn nicht völlig von vielen seiner Zeitgenossen. »Meine Erfahrung, die in Wahrheit nur in der Planung von zwei Hochhäusern besteht: dem Tribune und dem American Radiator, rechtfertigt nicht, daß ich eine Meinung äußere, ob ein Gebäude vertikal, horizontal oder in kubistischer Manier zu behandeln sei. Im Gegenteil, ich bin davon überzeugt, daß ich in diesen Fragen keine definitive Meinung haben sollte. Um diese beiden Gebäude als Beispiele zu benutzen: Sie sind beide im ›vertikalen‹ Stil oder dem, den man ›Gotik‹ nannte, einfach deshalb, weil ich sie so gemacht habe. Wäre ich zur Zeit der Planung von italienischen Kampaniles oder chinesischen Pagoden fasziniert gewesen, so wären die Kompositionsergebnisse vermutlich ›horizontal‹ gewesen . . . Nichts als Unheil würde daraus resultieren, wenn man in diesem Stadium der Entwicklung die freie Gestaltungsübung und Phantasie stoppte und statt dessen Standardisierung und Reglementierung unserer dürftigen Kenntnisse und Erfahrungen ihren Platz einnehmen würden. Es mag angebracht sein, etwas Präzises über die verschiedenen Stile zu sagen, aber ich bin ebenso unsicher über Stilfragen wie über alles andere.«

Ende der zwanziger Jahre wurde die Gestaltung undisziplinierter und wilder in jeder Hinsicht. Curlett und Beelmans Elks Club in Los Angeles von 1926 ist eine Art Maya-Komposition mit romanischen und gotischen Details. Die Skulptur scheint aus dem Mauerwerk zu erwachsen. Ähnlich, aber in allen Aspekten viel besser war ein Hochhauspaar von Bertram Grosvenor Goodhue, dem Neugotiker, der in den zwanziger Jahren ernsthaft nach einem Stil suchte, welcher seine historistischen Neigungen mit dem Impuls der Moderne verband. Goodhue schlug einen riesigen Turm für den Madison Square in New York vor, der, wäre er gebaut worden, sicher zu den bemerkenswertesten Hochhäusern der Stadt gezählt hätte. Er schoß gerade aufwärts von einer 20geschossigen Basis, die für sich ein Kunstwerk an Rücksprüngen darstellte. Ein riesiger überwölbter Eingang entsprach dem gewaltigen Maßstab des Projekts. Der Turm sollte sich ohne Abstufung über fast seine ganze Höhe erheben mit geringen Rücksprüngen und einem dekorierten Türmchen an der Spitze.

Das Hochhaus hatte einfallsreiche Nutzungen: Es sollte in der Basis eine Kirche enthalten und darüber Büros. Die Details waren entfernt gotisch, aber von einer Glätte, die andeutete, daß Eliel Saarinens Chicago-Tribune-Projekt auch von Goodhue nicht unbemerkt geblieben war. Von diesem Hochhausentwurf geht eine Kraft aus, die selten erreicht worden ist. Dank seiner vier soliden

Nebraska State Capitol in Lincoln von Bertram Grosvenor Goodhue, 1932.

Eckpfeiler wirkt das Gebäude nicht nur wie mit Stein verkleidet, sondern wie tatsächlich daraus gestaltet, gehauen aus einem soliden Fels.

Die massiven Ecken des Gebäudes hätten alle Eckbüros verhindert – eine ernsthafte Belastung der Rendite. Solche Realitäten des Immobilienmarktes waren jedoch kein Gegenstand bei Goodhues ausgeführtem Hochhaus, dem Nebraska State Capitol in Lincoln. Hier erhob sich ein ähnlicher Turm von einer viel breiteren, klassizistischen Basis – dies ist ein Wolkenkratzer auf der Basis eines städtischen Monuments im Gegensatz zum Wolkenkratzer auf der Basis eines weiteren Wolkenkratzers, wie es das Gebäude am Madison Square gewesen wäre. Der Turm ist hier kleiner und kulminiert in einer goldenen, fast byzantinischen Kuppel, aber das Konzept ist dem vom Madison Square nicht unähnlich. Auch hier spürt man Goodhues Fähigkeit zur Handhabung der Massen, zum Modellieren eines ganzen Gebäudes wie eine plastische Skulptur – eine Gabe, die sich bis in die frühen zwanziger Jahre zurückverfolgen läßt, als er auffallende und originelle gotische Kirchen entwarf. Hier war es Goodhues Absicht, ein Gebäude zu gestalten, das überhaupt keine Ähnlichkeit mit irgendeinem historischen Stil hatte, sondern eine Übung in reiner Form, Struktur und Schattenwirkung war.

Nebraska ist eher ein symbolischer Turm als ein echter Wolkenkratzer. Goodhue hatte beabsichtigt, daß er auf der Ebene außerhalb als vertikales Wahrzeichen stand, und plante nicht einmal Büroflächen in den oberen Teil des Gebäudes ein. Später brachte die Staatsregierung aber Büros dort unter und verwandelte dadurch den Bau in einen konventionell genutzten Wolkenkratzer. Die Bauzeit dauerte ein volles Jahrzehnt, von 1922 bis 1932. Der Entwurf war zwei Jahre früher als Ergebnis eines Wettbewerbs entstanden. So hat das Gebäude zumindest als Idee die zwanziger Jahre eingeleitet. Goodhues Vorbilder waren die skandinavische und die deutsche Kirchenarchitektur, nicht die bestehenden Hochhäuser – er hat nicht nur den amerikanischen Wolkenkratzer in ein öffentliches Gebäude verwandelt, sondern auch den Bereich der Ursprünge für diesen Gebäudetyp erweitert, ihn in einer Weise auf abstrakte Formen übertragen, zu der kein amerikanischer Architekt bis dato in der Lage gewesen war. Goodhue starb 1924, lange bevor das Gebäude fertiggestellt war. Er wurde 54 Jahre alt. Es ist unmöglich abzuschätzen, wie groß sein Einfluß auf den Hochhausbau gewesen wäre, wenn er länger gelebt hätte. Aber es muß hier angemerkt werden, wie populär das Nebraska State Capitol stets gewesen ist – trotz seinem Bruch sowohl mit der Tradition des amerikanischen Regierungsgebäudes als auch mit der Hochhausplanung in Amerika. Ein örtlicher Geschäftsmann schrieb in einem Brief an die State Capitol Commission, nachdem Goodhues preisgekrönter Entwurf veröffentlicht worden war: »Ich liebe dieses neue Gebäude. Es hat etwas Faszinierendes. Es wird einem immer vertrauter. Es läßt Tiefen in uns anklingen, von deren Existenz wir bisher nichts gewußt haben. Alle erscheinen von seiner Präsenz inspiriert. Ich hoffe, die Realität wird ebenso großartig sein.«

Nichts anderes als Goodhues Bautyp wurde in den zwanziger Jahren errichtet. Aber es entstanden auch einige Hochhäuser, die man als »goodhuesk« bezeichnen könnte. C. Howard Cranes 46geschossiges American Insurance Citadel Building von 1927 in Columbus/Ohio erhob sich in kraftvollen Vertikalen zu einem achteckigen Turm mit einer kuppelähnlichen Krone als Abschluß. Eine sorgfältig ausgearbeitete Skulptur erwuchs aus ihren oberen Ecken, und das Gebäude vermittelt uns vielleicht einen besseren Eindruck von dem, wie Goodhues Madison Square Building ausgesehen hätte, als jedes andere ausgeführte Gebäude. Wie die Türme von Goodhue ist das American Insurance Building glatt modern und schwer byzantinisch zugleich und wirkt eher wie ein städtisches Monument als wie ein Bürogebäude. Das gleiche läßt sich von der 30geschossigen Los Angeles City Hall sagen, entworfen von John C. Austin,

American Insurance Union Citadel in Columbus/Ohio von C. Howard Crane, 1927.

John Parkinson und Albert C. Martin und 1928 fertiggestellt. Hier verbindet sich wieder eine Art Maya-Massierung mit klassizistischen Details und einem pyramidenförmigen Abschluß zu einem monumentalen Turm, der über eine Generation lang das einzige wirklich hohe Gebäude in Los Angeles darstellte. Anmutiger und zugegebenermaßen historistischer war das Hochhaus der Williamsburgh Savings Bank aus dem Jahre 1929 in Brooklyn von Halsay, McCormick und Helmer. Dies ist ein überwiegend romanischer Turm, der sich auf 36 Geschosse erhebt und – à la Goodhue – von einer runden Kuppel und einer vierseitigen Uhr gekrönt ist, deren Zifferblätter jeweils 9 Meter Durchmesser haben. Das Williamsburgh-Gebäude wurde am Schnittpunkt der Atlantic und der Flatbush Avenue nahe dem Bahnhof der Long Island Railroad errichtet. Jede Planungsprognose hätte diese Ecke als das logische kommerzielle Zentrum des Gebiets bezeichnet, und die Bank mit ihrem hohen Turm, der sich über einer ungewöhnlich üppigen romanischen Kassenhalle erhebt, sollte das Territorium zuerst abstecken. Aber nichts dergleichen erfolgte, und das Hochhaus steht jetzt, ein halbes Jahrhundert danach, ziemlich trübselig inmitten eines Haufens kleiner Geschäfte in baufälligen Gebäuden. Es wäre ein erregender Kontext für ein Hochhaus in jeder Stadt, aber um so mehr in New York, wo die hohen Bauten so gedrängt unter ihresgleichen stehen.

Abgerundete und pyramidenförmige Abschlüsse waren keineswegs die einzigen bevorzugten Hochhauskrönungen in der zweiten Hälfte jenes Jahrzehnts. Für das Paramount Building am Times Square in New York aus dem Jahre 1926 produzierten die Architekten Rapp and Rapp eine über 6 Meter breite Glaskugel

Das Rathaus in Los Angeles von Parkinson und Martin, 1928.

Der Uhrenaufsatz des Williamsburgh Savings Bank Tower.

Williamsburgh Savings Bank Tower in Brooklyn/N. Y. von Halsey, McCormick und Helmer, 1929.

HELEN HAYES
COQUETTE
THE ROYAL FAMILY

The Century Apartments in New York von Irwin Chanin, 1931.

San Remo Apartments in New York von Emery Roth, 1930.

Das Paramount Building in New York von Rapp und Rapp, 1926.

auf einem Gebäude, das so oft zurückspringt, daß seine Gesamtform einer Pyramide ähnelt. Schultze und Weaver gaben dem schlanken Sherry-Netherland Hotel von 1927 in New York eine gotische Spitze. Emery Roth setzte ein Paar klassischer Peristyl-Tempietti auf die San Remo Apartments in New York, die erst 1930 fertiggestellt wurden – beides deutliche Hinweise darauf, daß der Historismus durchaus noch nicht ganz aufgegeben worden war. Irwin Chanin war moderner, oder zumindest quasi-modern, bei seinen Majestic and Century Apartments von 1930/31, Doppelhochhäusern mit verspielt dekorierten Abschlüssen. Nicht viel anders war Walker und Gillettes Fuller Building von 1929, in das die Firma Fuller Construction aus dem Flatiron Building umzog. Diesmal gestattete das Unternehmen keine bizarre Form, die ihrem eigenen Namen im Bewußtsein der Öffentlichkeit Konkurrenz machen würde, wie es das Flatiron getan hatte. Das neue Fuller Building ist ein schlanker Turm aus weißem

Der Art-Déco-Türsturz über dem Eingang zum Fuller Building.

Das Fuller Building in New York von Walker und Gillette, 1929.

Backstein, seine Spitze eine Serie von Vorsprüngen aus schwarzen und weißen Steinen, die wie eine Art-Déco-Version eines Aztekentempels aussieht. Sloan und Robertson wählten ihrerseits 1927 eine reine Dekoration für die Krone des Fred F. French Building in New York: ein Hochhaus, dessen Massierung weitgehend durch die Bebauungsvorschriften bestimmt war, das sich aber vor seinen Nachbarn durch einen extravaganten Mosaikabschluß auszeichnete. Das French Building hat eigentlich ein flaches Dach und war damit ein Vorläufer der späteren Scheibenhochhäuser; die Dekoration besteht tatsächlich aus einem Paar gewaltiger Platten wie große Schilder oben auf der Scheibe.

Zum Ende des Jahrzehnts waren die größten Wolkenkratzer der dreißiger Jahre bereits in der Planung und in einigen Fällen schon im Bau. Darunter schienen mehrere große Hochhäuser besonders in das neue Jahrzehnt zu weisen. Aber die Anliegen der zwanziger Jahre waren wohl am besten in drei Gebäuden zusammengefaßt, die nicht vorwärts-, sondern rückwärtsgerichtet waren auf einen

Das Fred French Building in New York von Sloan und Robertson, 1927.

THE FRED F. FRENCH BUILDING

unverhohlen konservativen Historismus und die dennoch eindrucksvolle Werke der Stadtplanung darstellten. Es handelte sich um das General Electric Building (ursprünglich das RCA-Gebäude) in New York von Cross und Cross; das New York Central Building (heute Helmsley Building) in New York von Warren und Wetmore und den Terminal Tower in Cleveland/Ohio von Graham, Anderson, Probst und White. Das New York Central Building wurde 1929 fertiggestellt, der Cleveland Tower und das General Electric Building unmittelbar nach der Wende des Jahrzehnts, 1931. Das General Electric ist ein schlanker, 51geschossiger Turm. Als Bauwerk hat es viel mit zahlreichen New Yorker Wolkenkratzern der zwanziger Jahre gemeinsam. Durch zwei Dinge zeichnet es sich aus: das gemusterte Stein-Maßwerk der Krone und die Beziehung des Gebäudes zur Kirche St. Bartholomew, dem ausgezeichneten Bauwerk Goodhues, an das es angrenzt. Der Abschluß des Turms sollte Radiowellen andeuten und tut es tatsächlich auch, oder zumindest das physische Image von Radiowellen, so wie es in der Vorstellung des Publikums in der Jugendzeit dieses Mediums existierte. Bemerkenswert ist, wie stark die Krone auch an traditionelle gotische Türme erinnert und wie gering man den Widerspruch zwischen diesen beiden Extremen empfindet. Cross and Cross vereinigten auf gelungene Weise zwei unterschied-

Das General Electric Building (ursprünglich RCA Building) in New York von Cross und Cross, 1931.

Die Eingangshalle des General Electric Building.

Terminal Tower in Cleveland von Graham, Anderson, Probst und White, 1931.

liche Bilder – der Technologie des zwanzigsten Jahrhunderts und der mittelalterlichen Architektur. Und obgleich ihre Methoden weniger subtil waren als die von Cass Gilbert beim Woolworth Building, war das Ergebnis doch beinahe ebenso erstaunlich.

Gleich wichtig wie der Turm des General Electric ist sicher die Leichtigkeit, mit der das Gebäude hinter die Kirche St. Bartholomew zurückweicht. Cross and Cross wählten für ihr Hochhaus an der Lexington Avenue nur Materialien und Farben, die mit Goodhues Kirche an der Park Avenue harmonieren. Das Ergebnis ist eine überzeugende Antwort auf alle Behauptungen, daß ein 51geschossiges Hochhaus und eine niedrige Kirche nicht nebeneinander existieren könnten. Sie können es in der Tat, und wenn Cross and Cross' Krone die Anliegen der zwanziger Jahre mit spielerischer Bildwirkung zeigt, so nimmt das Gebäude als Ganzes die Bedeutung voraus, die Architekten in späteren Jahrzehnten der Beziehung zum urbanen Kontext beimaßen. (Es inspirierte sogar im Jahre 1980 einen verantwortungsbewußt geplanten, wenn auch langweiligen kleineren Backstein-Wolkenkratzer der Eggers Group auf einem ebenfalls der Kirche benachbarten Grundstück.)

Die Bautätigkeit um den Grand Central Terminal in New York, die nach Fertigstellung des Bahnhofs im Jahre 1913 auf vollen Touren anlief, war ein frühes und eindrucksvolles Beispiel für verantwortungsbewußte Stadtplanung – Bauten wurden als Teile eines größeren Ganzen gesehen, nicht mehr als isolierte Einzelobjekte. Die New York Central Railroad besaß das ganze Land um den Bahnhof und konnte dadurch weit mehr Kontrolle ausüben als die durchschnittlichen Bauträger. Die Eisenbahngesellschaft war in der Tat einer der mächtigsten Bodenerschließer in New York City. Die meisten der auf ihrem Grund errichteten Bauten – zum Beispiel das Biltmore Hotel von Warren und Wetmore von 1914 – waren relativ nüchterne, klassizistisch detaillierte Volumen, deren Hauptvorzüge in einer gewissen Kompatibilität bestanden. Mit der Hauptverwaltung der Eisenbahn schufen Warren und Wetmore jedoch ein energiegeladenes, üppiges Gebäude, und das nicht nur ohne Kompromittierung der Gesamtbebauung, sondern sogar mit deren Verstärkung.

Das New York Central Building sitzt gedrungen mitten auf der Park Avenue und begrenzt die Sicht meilenweit von Norden sowie – bis das Pan Am Building seine Südseite blockierte – auch meilenweit von Süden. Die Gesamtform des Hochhauses paßt sich perfekt dem ungewöhnlichen Grundstück an – eine dekorierte, pyramidenförmige Krone, mit einer Kuppel abschließend, dient als Blickfang, beinahe als Ausrufungszeichen im Mittelpunkt der Park Avenue. Früher einmal gab es dort eine gleichmäßige – oder relativ gleichmäßige – Gebäudehöhe entlang der ganzen Straße, die das Central Building zum Anführer eines zwei

Die Eingangshalle des Terminal Tower.

808791.
WURTS BROS.
PHOTO. N.Y.C.

Die Uhr auf dem New Yorker Central Building vom Bildhauer Edward McCartan.

Meilen langen städtebaulichen Ensembles machte. Diese Ordnung ist heute gestört, aber die Gesamtqualität des Gebäudes dadurch nicht gemindert worden. Die einfühlsame Beziehung des Gebäudes zu seiner Umgebung war nicht auf seine Form beschränkt: Das Bauwerk enthält auch zwei große Bogen, durch die der Verkehr der Park Avenue hindurchläuft.

Das Gebäude wurde kürzlich von seinem gegenwärtigen Besitzer, dem Grundstücksmakler Harry Helmsley, restauriert (es war eine Zeitlang im Besitz der Familie Kennedy gewesen, nachdem die Eisenbahnverwaltung es verkauft hatte), der es in Helmsley Building umbenannte. Die kunstvoll ausgestattete Lobby, ein veritables Ballhaus inmitten der Park Avenue, ist gereinigt und die Fassade mit so viel Gold versehen worden, daß sie einer Frau mit etwas zuviel Make-up ähnelt. Aber die Spitze wird mit Flutlicht erhellt, und das verleiht der flamboyanten Krone des Hochhauses eine noch größere symbolische Kraft.

Das Gebäude in Cleveland ist in ästhetischer Hinsicht weniger gelungen – es war von Architekten aus Daniel Burnhams Büro geplant, dem New York sein riesiges Equitable Building zu verdanken hatte. Der verzierte klassizistische Abschluß geht unmittelbar auf McKim, Mead und Whites 17 Jahre älteres Municipal Building zurück. Aber der Terminal Tower vertrat, wie das New York Central Building, ein aufkommendes Bewußtsein, daß ein Wolkenkratzer Teil eines zusammenhängenden urbanen Systems ist. Und hier war die Konstruktion ausdrucksvoll mit einem höheren Turm verbunden und schuf zugleich ein städtisches Symbol und einen städtischen Arbeitsbereich. Der Terminal Tower enthielt außer einem über 200 Meter hohen, 52geschossigen Bürotrakt einen Nahverkehrsbahnhof, einen Fernbahnhof, ein Kaufhaus, Restaurants, Banken, kleinere Bürotrakte und ein Hotel (für das ein Teil eines vorhandenen Gebäudes auf dem Grundstück übernommen wurde). Die kommerziellen Trakte wurden aufgrund von Luftrechten über den Gleisen errichtet wie seinerzeit die Bauten um den Grand Central in New York. Hier ist die Stadt natürlich so viel kleiner, daß der Bahnhofskomplex als ein deutlich sichtbares Symbol funktioniert, als ein ebenso offensichtlicher Blickfang wie jeder alte Kirchturm. So kontrollierte der Terminal Tower die Skyline der Stadt und verwob sich zugleich mit der Textur der Stadt. Das ist zu allen Zeiten der Geschichte nur wenigen Hochhäusern der Welt gelungen.

Central Building (heute Helmsley Building) in New York von Warren und Wetmore, 1929.

Kapitel 5

Der Drang in die Höhe

Larkin Tower in New York. Entwurf von John Larkin, 1926.

Wenn eine Art freier Eklektizismus, eine Verbindung von Formen aus der Architekturgeschichte in zunehmend lockerer Weise, als die Richtung der zwanziger Jahre betrachtet werden kann, so verdichtete sich die Hochhausplanung in den dreißiger Jahren zu einer einheitlicheren Form. Im neuen Jahrzehnt gab es eine klare Priorität: die Höhe. Im Jahre 1930 war das Woolworth Building über 17 Jahre lang das höchste Gebäude der Welt gewesen. Da seine Position so viele Jahre unumstritten gewesen war, wäre auch nur der Vorschlag, es zu übertreffen, respektlos erschienen, als schlüge man für die Hauptstadt Washington ein Bauwerk vor, das sich höher erheben sollte als das Washington Monument.

Nicht daß es keine Pläne für höhere Bauten gegeben hätte: Im Jahre 1926 entwarf John Larkin, ein New Yorker Architekt und Ingenieur, einen 110geschossigen Wolkenkratzer an der West 42nd Street zwischen Eigth und Ninth Avenue in Manhattan – für das Grundstück, das nur wenige Jahre später von Raymond Hoods Meisterwerk der frühen dreißiger Jahre, dem McGraw-Hill Building, eingenommen wurde. Larkins Gebäude sollte sich etwa 400 Meter über Straßenniveau erheben und damit das erste Bauwerk sein, das die Höhe des Eiffelturms überschritt, der bis dahin das höchste Gebäude der Welt darstellte. Der Larkin Tower, wie das Projekt genannt wurde, war ein Entwurf von überwältigender Banalität – es hatte eine gestufte Basis, über der sich ein quadratischer Backsteinturm erhob, nach oben hin sich mehrfach verjüngend wie die Teile eines Fernrohrs. Er sah aus, wie sich ein Kind einen Wolkenkratzer vorstellt, und im Hinblick auf den Phantasiereichtum der Gebäude, die Ende der zwanziger Jahre ausgeführt worden waren, ist es nicht erstaunlich, daß Larkins Entwurf mit Skepsis aufgenommen wurde.

Viele der geäußerten Zweifel konzentrierten sich allerdings auf technische und nicht auf ästhetische Gesichtspunkte. Larkin wurde von Bauunternehmern und Architekten wegen seines Stahlskelettsystems angegriffen, von dem viele Kritiker meinten, es könne keinen so hohen Turm tragen, und auch wegen der Aufzüge, die er als Doppeldecker konzipierte, wodurch er die Zahl der notwendigen Aufzugsschächte zu reduzieren suchte. Die Aufzüge waren damals ein ernsthaftes Planungsproblem, sie konnten ebenso wie jede technische Einschränkung zur Begrenzung der Höhe beitragen: Wenn ein Gebäude extreme Höhen erreichte, wurden so viele Aufzüge benötigt, daß große Teile der Geschoßfläche in den unteren Geschossen den Aufzugsschächten vorbehalten bleiben mußten. Es gab einen Punkt, an dem größere Höhe nicht mehr, sondern weniger vermietbare Geschoßfläche produzierte, so beherrschend waren die Forderungen des Vertikaltransports.

Larkins schlanker Turm kann nicht besonders ökonomisch gewesen sein – die oberen Geschosse wären klein gewesen, luftige Horste mit großartigem Ausblick und natürlicher Belichtung, aber kaum ausreichende Fläche selbst für kleine Unternehmen. Geringe Geschoßflächen waren bis zu einem gewissen Grade das unvermeidbare Ergebnis von jedem Entwurf, der auf Rücksprüngen basierte, aber Larkins Gebäude gingen die großen Geschoßflächen aufgrund seiner Gesamthöhe ab. Ob es wirtschaftliche oder Entwurfsprobleme waren, die Larkins Projekt scheitern ließen, ist heute natürlich irrelevant, aber man sollte sich ins Gedächtnis rufen, daß nur wenige Jahre später ähnliche Gebäude nicht nur geplant, sondern auch gebaut wurden. Der Drang in die Höhe führte zum Bau

Drei Hochhäuser in Manhattan: links das General Electric Building, in der Mitte das Chrysler Building, rechts einer der Doppeltürme des Waldorf-Astoria-Hotels.

Irwin Chanins privates Badezimmer im Chanin Building, ein dekoriertes Art-Déco-Phantasiegebilde.

Das Chanin Building in New York von Sloan und Robertson, 1929.

einer Reihe von bedeutenden Hochhäusern in Manhattan Ende der zwanziger und Anfang der dreißiger Jahre. Das Chanin Building von Sloan und Robertson, 1929 für den Architekten und Unternehmer Irwin Chanin errichtet, war das erste: In der Höhe blieb es gerade noch unter dem Woolworth Building (230 Meter im Gegensatz zu den 280 von Woolworth), dennoch hatte es mehr Geschosse, und seine prominente Lage in Midtown Manhattan – es steht an der Südwestecke der 42nd Street und der Lexington Avenue – schien anzukündigen, daß nicht nur ein neues Gebäude in Rivalität zur Höhe des Woolworth Building stand, sondern auch ein ganz neues Quartier, Midtown Manhattan, sich im Aufsteigen befand. Chanins Entwurf basierte, wie so viele bedeutende Hochhäuser aus der Zeit, entfernt auf Saarinens Projekt für die Chicago Tribune, aber hier war Saarinens quadratischer Turm in eine schlanke Scheibe gestreckt, und die Architekten gaben dem Chanin Building eine überreiche Art-Déco-Detaillierung mit dekorierten Bas-Reliefs in Terrakotta um die ganze Basis und kunstvoll ausgearbeitetem Messinggitterwerk in der Eingangshalle. Oben im Direktorengeschoß ist Irwin Chanins privates Badezimmer ein Traumgebilde aus Art-Déco-Fliesen.

Dem Chanin Building war nur ein kurzer Augenblick der Vorherrschaft in Midtown Manhattan beschieden. Es wurde sehr bald von einem Wolkenkratzer gefolgt, der sowohl das Woolworth-Gebäude als auch den Eiffelturm in der Höhe übertraf, einem Hochhaus, das sich direkt gegenüber an der Nordostecke der 42nd Street und der Lexington Avenue erhob – dem Chrysler Building, entworfen von William Van Alen, fertiggestellt im Jahre 1930.

Das Chrysler-Gebäude erhob sich auf 350 Meter und war mit 77 Geschossen eindeutig das höchste Gebäude der Welt. Es wäre selbst bei geringerer Höhe bemerkenswert gewesen; jedoch Van Alens Entwurf unterschied sich von allem bisher Dagewesenen. Der Turm ist aus weißem Backstein mit grauer Backsteineinfassung und Wasserspeiern in Form der Haubenornamente des Chrysler-Automobils von 1929. Er endet in einer Reihe von stählernen Bogen, die von dreieckigen Fenstern durchbrochen sind, und gipfelt in einem großen Turmaufsatz. Die Eingangshalle ist mit tiefrotem afrikanischem Marmor verkleidet, und jede der mit Holz verschalten Aufzugskabinen ist mit anderen Intarsien ausgelegt. Das Gebäude ist als Art-Déco bezeichnet worden, und sicherlich spiegelt es den Geist der Moderne wider, die seit Mitte der zwanziger Jahre an Popularität

Eine Szene aus dem Ballett »Skyline von New York« auf dem Beaux-Arts-Ball im Astor Hotel, 1931. Das Thema hieß »Fête Moderne«, und die Architekten waren gekleidet wie ihre Hochhäuser. Von links nach rechts: A. Stewart Walker, Fuller Building; Leonard Schultze, Waldorf-Astoria-Hotel; Ely Jacques Kahn, Squibb Building; William Van Alen, Chrysler Building; Ralph Walker, Wall Street Nr. 1; D. E. Ward, Metropolitan Life Tower; J. H. Freedlander, Museum of the City of New York.

gewonnen hatte. Aber das Chrysler Building geht über Art-Déco hinaus und vertrat eine ganz neue Art des Hochhauses. Seine bizarre Form wirkt wie eine perfekte Verschmelzung der Energie und der Flamboyance von Manhattan Ende der zwanziger Jahre – der Drang in die Höhe, die ganze theatralische Leidenschaft scheinen in diesen prunkvollen Bogen und dem schlanken Turmaufsatz ausgedrückt zu sein. Chryslers Romantik ist eine viel bessere Aussage dessen, was New York an der Wende von den zwanziger zu den dreißiger Jahren sein wollte, als alle historistischen Wolkenkratzer und alle Kisten des Internationalen Stils. Und trotz aller Seltsamkeit ist es nirgendwo zu seltsam – die Qualität des Chrysler Building als architektonisches Werk beruht auf seiner Eigenschaft, romantisch und irrational und doch nicht so verrückt zu sein, daß man darüber lachen könnte. Es bewahrt gerade noch seine Glaubwürdigkeit trotz aller Phantasterei. Es ist demnach nicht erstaunlich, daß das Chrysler Building über ein halbes Jahrhundert hinweg zum geliebten Symbol von New York wurde – es ist die Art von Gebäude, die eine eher emotionale als intellektuelle Reaktion hervorruft. Von den meisten Architekten wurde es, als es neu war, abgelehnt – aber es hat die Wandlungen des Geschmacks mit mehr Erfolg überlebt als jedes andere Hochhaus. Chryslers endgültige Form, das muß angemerkt werden, war die letzte mehrerer Versionen, von denen keine so gut war wie die gebaute. Nach dem ursprünglichen Entwurf von Van Alen hätte der Wolkenkratzer einen runderen Aufsatz gehabt, der ihm ein entfernt byzantinisches oder maurisches Aussehen gegeben hätte, ein unglücklicher Abschluß der glatten, lebendigen Basis.

Der Turm war ebenfalls nicht Bestandteil des Originalentwurfs; er entstand als Ergebnis einer der intensivsten Rivalitäten dieser Periode. Als das Chrysler Building im Bau war, vollendete Van Alens früherer Partner, H. Craig-Severance, mit seinem Partner Yasuo Matsui einen 66geschossigen Wolkenkratzer in

Zwei frühe Studien für das Chrysler Building.

Das Chrysler Building in seiner endgültigen Form in New York von William Van Alen, 1930.

Wall Street Nr. 40 in New York von H. Craig Severance und Yasuo Matsui, 1930. Bleistiftzeichnung von Hugh Ferriss, um 1929.

Die Spitze des Chrysler Building mit Bogen aus Chromstahl, durchbrochen von dreieckigen Fenstern.

der Wall Street, Nr. 40, gekrönt von einem dekorierten, pyramidenförmigen Abschluß ähnlich dem des New Yorker Central Building. Chryslers ursprünglich vorgesehene Höhe betrug etwas über 300 Meter, und Wall Street 40, die Hauptverwaltung der Bank of the Manhattan Company, war mit knapp einem Meter mehr angesetzt, was es zum höchsten Gebäude der Welt gemacht hätte. Van Alen war entschlossen, dem Chrysler Building diesen Titel zukommen zu lassen. So fügte er den Turmaufsatz hinzu, der insgeheim im Innern des Chrysler Building montiert und erst in seine Position gebracht wurde, als das Gebäude gerade fertiggestellt war, und verwies damit Severances Bau auf den zweiten Platz.

Dieses Ereignis beendete die Sucht nach der Höhe, welche die Architekten und Bauunternehmer an der Wende des Jahrzehnts ergriffen hatte. Severances Gebäude, das die Skyline von Lower Manhattan trotz dem durch das Chrysler Building erhaltenen Dämpfer mit beachtlicher Grandeur zu beherrschen verstand, wurde selbst 1932 beinahe ausgestochen durch seinen Nachbarn, Clintons und Russells Cities Services Building in der Pine Street, Nr. 70 (auch bekannt als Wall Tower, Nr. 60), ein Art-Déco-Hochhaus aus Backstein mit 66 Geschossen, das mit einer dekorierten, zurückgesetzten Krone abschließt, komplett mit Art-Déco-Solarium und sanft leuchtenden Lichtern. Es ist einer der schönsten Abschlüsse der New Yorker Skyline – in der Tat eher ein Abbild des Jazz-Zeitalters in Midtown Manhattan als des Geschäftslebens im innerstädtischen Finanzdistrikt, dessen Teil es ist.

Aber alle Leidenschaft und Erfindungsgabe, die Van Alen in sein Bestreben investierte, »der Welt höchstes« Zeugnis für Chrysler zu errichten, erwies sich als von nur gering anhaltender Bedeutung. Noch ehe das Chrysler Building seine volle Höhe erreicht hatte, befand sich bereits ein anderes Hochhaus im Bau, das es bei weitem übertreffen sollte und John Larkins Traum von einem Gebäude mit mehr als 100 Geschossen endlich Realität werden ließ. Es war das Empire State Building auf dem Gelände des alten Waldorf-Astoria-Hotels an der Fifth Avenue und der 34th Street. Der Entwurf der Architekten Shreve, Lamb und Harmon brachte es zu 102 Geschossen und ca. 400 Meter Höhe.

Das Empire State Building war wie das Equitable Building von 1915 ein reines Spekulationsobjekt – im Gegensatz zum Chrysler Building, das in so starkem Maße ein persönliches Objekt des Automobilmagnaten Walter P. Chrysler darstellte. Das Empire State wurde getragen von John J. Raskob und Pierre S. du Pont mit Unterstützung des früheren Gouverneurs Alfred E. Smith. Sie wollten

Margaret Bourke-White fotografiert auf einem Wasserspeier des Chrysler Building.

Der Blitz schlägt in das Empire State Building.

Das Empire State Building in New York von Shreve, Lamb und Harmon, 1931.

etwas Großes, nicht unbedingt etwas Besonderes, und es ist lediglich einem Glücksfall zu verdanken, daß William F. Lamb einen so ausgezeichneten Entwurf lieferte. Lamb war im wesentlichen für wirtschaftliche, ausschließlich kommerziell bestimmte Entwürfe bekannt, und er plante das Empire-State-Hochhaus in direkter Anwendung der bestehenden Baugesetze. Das Ergebnis war jedoch ein ungeheuer gelungenes Beispiel der Massierung – auf einer fünfgeschossigen Basis, die das ganze Gelände einnimmt, erhebt sich ein Turm, den Vorschriften entsprechend aufgebrochen mit Einschnitten über die ganze Höhe und gekrönt von einem Abschluß mit Rücksprüngen, der in einem sanft gerundeten Turm endet.

Wenn das Gebäude auch keine ganz so phantasievolle Silhouette besitzt wie das Chrysler Building, so ist es doch zurückhaltender, würdiger und ebenso schön. Die Werkstoffe der Fassade: Kalkstein, Granit, Aluminium und Nickel, erzeugen einen stromlinienförmigen, gräulichen Ton, der sowohl New York als auch der Höhe angemessen ist, und der Bau hat genau die richtige Andeutung von Art-Déco-Ornamenten. Die fünfgeschossige Basis bildet ihrerseits eine gute Straßenbegrenzung und sichert, daß der riesige Rumpf des Hochhauses sich in einer leichten visuellen und psychologischen Entfernung zum Vorübergehenden befindet.

Es ist kritisiert worden, daß der Bau schwierig von der Nähe zu betrachten sei, was tatsächlich zutrifft. Aber das ist in gleichem Maße ein Fehler des Straßenrasters von Manhattan, denn es gibt keine Freiräume, von denen aus man irgendein Hochhaus in New York in seiner ganzen Höhe betrachten könnte. Das Empire State Building ist am besten von weither zu sehen, von wo aus sein Turm sich sowohl in die Skyline einzufügen als auch sie zu beherrschen scheint.

Das Empire State wurde in noch stärkerem Maße als das Chrysler Building zum Symbol nicht nur der Silhouette von New York, sondern des Hochhauses überhaupt. Es wurde für die dreißiger Jahre das, was das Woolworth für den Beginn des Jahrhunderts bedeutet hatte – ein Naturwunder ebenso wie ein Gebäude –, ein Phänomen, das in das Bewußtsein der Bevölkerung einging. Es war verblüffend, aber dennoch gar nicht so verwunderlich. 1945, gut zehn Jahre nach Vollendung des Gebäudes, kam ein kleines Flugzeug eines samstags morgens vom Kurs ab und rammte das 76. Geschoß. Und plötzlich erschien dieses

King Kong auf dem Empire State Building.

Hochhaus manchen Leuten höher, als Gott wollte, daß Gebäude sein sollten. (Der Pilot kam ums Leben, außerdem starben 15 weitere Personen, aber darüber hinaus gab es keine großen Verluste, da sich am Unfalltag nur wenige Menschen in dem Gebäude aufhielten.) Daß das Bauwerk nur geringe bauliche Schäden erlitt trotz der Tatsache, daß das Flugzeug direkt eine Außenmauer rammte, betrachteten die Besitzer als gutes Zeichen für seine Dauerhaftigkeit.

Das Empire State Building wurde schnell zu einem Symbol von Manhattan. Diese Ansicht von Midtown auf den Hafen ist eine der bekanntesten Aufnahmen von New York.

Die Fertigstellung des Empire State und des Chrysler Building beantwortete – abgesehen von allen anderen innerstädtischen Hochhäusern – in effektiver Weise sämtliche Fragen nach der Wirtschaftlichkeit von Wolkenkratzern: Wären sie nicht zum Geldverdienen geeignet gewesen, hätte man diese gewaltigen Bauwerke nie errichtet. Dennoch ließ sich das Empire State Building, das mitten in der Wirtschaftskrise eröffnet wurde, nur so langsam vermieten, daß es durch Jahre hindurch als das »Empty (= leere) State Building« bezeichnet wurde. Aber im Gegensatz zu gewissen anderen Hochhäusern konnte es Geld bringen, nachdem es ausreichend vermietet worden war. Eine Studie für die American Institute of Steel Construction aus dem Jahre 1929 berichtet, daß die optimale Höhe für ein Gebäude in Midtown Manhattan etwa 63 Stockwerke betrage – bei dieser Höhe würden genügend Einnahmen erzielt, um die hohen Grundstückskosten in innerstädtischen Geschäftsbereichen zu decken (Kosten, die natürlich durch die Möglichkeit der Errichtung von Hochhäusern auf diesen Grundstücken wiederum in die Höhe getrieben wurden). Dennoch waren es nicht so viele Geschosse, daß die Anzahl der benötigten Aufzüge die vermietbare Geschoßfläche der unteren Stockwerke stark beschnitten hätte. Die Studie zeigte abnehmende Einkünfte bei größerer Höhe und projizierte, daß bei 132 Geschossen die Profite völlig aufgehoben würden.

Da Größe und Anzahl der Hochhäuser in allen amerikanischen Städten, nicht nur in New York, stiegen, wurde die Diskussion darüber, ob solche großen Gebäude sinnvoll seien, erneut aufgenommen. Die Kontroverse aus den ersten Jahren dieses Jahrhunderts hatte niemals ganz aufgehört – sie war nur abgeebbt, war gewissermaßen irrelevant geworden durch die eindringliche Gegenwart der gewaltigen Bauten in fast jedem innerstädtischen Geschäftsbezirk. Jetzt schien jedoch die wahrhaft ungeheuerliche Größe dieser neuen Generation von Wolkenkratzern bestimmte Fragen wieder geltend zu machen. War es sinnvoll, so hoch zu bauen? War es in ästhetischer Hinsicht gut für die Städte, selbst wenn es wirtschaftlich gerechtfertigt war? Sollte man es gestatten, daß Hochbauten so dicht nebeneinandergestellt wurden, oder waren die Abstände groß zu halten, um Licht und Luft für alle in allen Hochhäusern zu garantieren?

Die Antwort auf diese letzte Frage war für Frank Lloyd Wright besonders eindeutig. Er lehnte die Bündelung von Hochhäusern in Geschäftszentren ab als eine Verletzung der Bedeutung jedes einzelnen Hochhauses, und er kümmerte sich wenig um die Gesetze des Immobilienmarktes, der sicher zusammengebrochen wäre durch ein System, das nur ein Hochhaus in einem Straßenblock und kein weiteres im danebenliegenden gestatten würde. Denn Wright lehnte in Wirklichkeit die dichte Bebauung von Stadtkernen überhaupt ab – er war in starkem Maße antiurban. Sein idealer Wolkenkratzer war gar kein städtisches Gebäude, sondern ein Hochhaus in der freien Landschaft. Er schlug solche Bauten häufig vor, obgleich sein berühmtestes Hochhaus tatsächlich ein urbanes Gebäude war – ein meilenhohes Haus, 1956 für Chicago geplant. Es war eine typisch Wrightsche Geste – kühn, großartig, schwungvoll, die Hochhauswut der späten zwanziger Jahre verhöhnend und sie zugleich auf eine neue Ebene erhebend.

Aber nicht nur Frank Lloyd Wright befürchtete, daß die Hochhäuser zu einer unsinnig überfüllten, unfunktionierbar dichten City führen würden. Der Erfinder Thomas Alva Edison sagte 1926 in einem Interview, das im *Literary Digest*

Eine romantisch verklärte Wiedergabe des Empire State Building in den Wolken von Charlotte Price, 1950.

veröffentlicht wurde: »Wenn . . . New York weiterhin den Bau von Hochhäusern gestattet, von denen jedes täglich so viele Menschen beherbergt wie früher eine Stadt, wird das Unheil über uns kommen. Wenn alle diese Leute in diesen Hochhäusern etwa im gleichen Augenblick oder innerhalb einer halben oder einer Stunde auf die Straße strömen – wenn sie versuchen, die Ausgänge dieser Gebäude zu erreichen, werden die Straßen, an denen diese Hochhäuser stehen, so überfüllt sein, daß der Verkehr anhalten muß.«

Dem stimmten andere zu. Thomas Hastings, der schon vor der Jahrhundertwende Zweifel an dem Hochhausbau geäußert hatte, war besonders besorgt über diese neuen Auswüchse: »Wir werden die größten Schwierigkeiten erleben, mit denen Stadtverwaltungen jemals konfrontiert wurden.« Hastings äußerte diese Warnung in einem Essay von 1927 mit dem Titel »The City of the Dreadful Height«, in dem er die rapide zunehmende Bebauungsdichte von Manhattan beklagte. »Es ist eine Frage der Gesetzgebung, der sanitären Verhältnisse und des Verkehrs und nicht eine Frage der Kunst«, sagte er. »Es betrifft vielmehr den Schutz des kleinen Grundstücksbesitzers, um ihn vor den Eingriffen in seine Rechte zu retten, die ihm das Licht und die Luft rauben und zugleich in anderen

Frank Lloyd Wright enthüllt seinen Entwurf für den Wolkenkratzer Mile-High in Chicago, 1956.

Eine von Harvey Wiley Corbetts Planungen für doppelgeschossige Straßen, um den Verkehrsstaus in Manhattan zu begegnen. Zeichnung von Hugh Ferriss.

Bezirken jene der Wertsteigerung ihres Besitzes beraubt, die bei zunehmender Nachfrage eintreten würde, wenn wir gezwungen wären, uns auszudehnen, anstatt in die Höhe zu bauen.« Die Zeitschriften *Scientific American, Literary Digest* und *Atlantic* führten offenbar in der Publikumspresse den Feldzug für gewisse Beschränkungen im Hochhausbau. Besonders die Autoren des *Scientific American* schienen wie Edison besorgt über die Verkehrsprobleme zu sein, die aus dem Hochhausbau resultieren würden. Aber das Argument wurde widerlegt von dem New Yorker Architekten Harvey Wiley Corbett, der zu einem der vernehmlichsten Verteidiger des Hochhauses wurde und behauptete, daß die Wolkenkratzer tatsächlich den Verkehr reduzierten, indem sie die Geschäfte konzentrierten und die Notwendigkeit zahlreicher Autofahrten verhindern würden. Londons Verkehrsprobleme seien größer als die von New York, erklärte Corbett, und dort gäbe es in der City überhaupt keine Hochhäuser, und die Geschäfte seien über einen großen Bezirk verstreut. Corbett glaubte, die Lösung liege nicht in einer Reduktion der Hochhäuser, sondern in einer besseren Ordnung der großen neuen Stadt, und er legte eine Reihe von Projekten für zweigeschossige Straßen vor mit dem Fahrverkehr auf einer gedeckten unteren Ebene und den Fußgängern auf der oberen. Corbetts Straßenplanungen wurden von Hugh Ferriss, dem großen Darsteller und Theoretiker des neuen Hochhauses, aufgezeichnet, und sie standen der Öffentlichkeit über Jahre vor Augen – obgleich nie Anstrengungen irgendwelcher Art unternommen wurden, sie auszuführen.

Corbetts Auffassung, daß die Rettung nicht von der Abschaffung der Hochhäuser, sondern von der Ordnung derselben zu erwarten sei, wurde von dem anderen großen Theoretiker der urbanen Ordnung im zwanzigsten Jahrhundert, von Le Corbusier, geteilt. Der Kommentar des aus der Schweiz stammenden Franzosen bei seinem ersten Besuch in New York, der die Architekten der Stadt schockierte, ist wohlbekannt: »Die Hochhäuser von New York sind zu klein, und es gibt deren zu viele.« Was Le Corbusier anstrebte, war eine rationalere Stadt, die verständlich und voraussagbar war, eine Stadt, deren Architektur so geordnet war wie das kartesische Straßenraster.

Wäre das überhaupt möglich? Eine der Auffassungen, an welche die Kritiker des großen Hochhausbooms sich klammerten, war das Gefühl, daß die Stadt nicht gezähmt werden konnte. Es hatte schon immer eine gewisse Anarchie im physischen Erscheinungsbild von New York gegeben; die wilden und energischen historischen Fassaden der frühen Hochhäuser in der Stadt waren ein

Beweis dafür. Aber die riesigen Türme der späten zwanziger und der frühen dreißiger Jahre schienen eine ganz andere Ebene zu erschließen, einen Maßstab, bei dem der Mangel an Ordnung bedrohlicher, verwirrender war als zuvor. Die Möglichkeiten der Höhe erschienen grenzenlos, ebenso die Möglichkeiten des Wachstums – und daher vielen auch die Möglichkeiten der übermäßigen Bebauung, des Chaos und der Katastrophe. Es gab in den Zeitschriften jener Tage Voraussagen über Städte mit soviel Hochhäusern, daß ihre Skylines zu einer einzigen Masse würden, ihre Straßen zu einer Ansammlung von Fußgängern, der Himmel unsichtbar wäre sowie frische Luft und Ausblick zu den vergessenen Vorzügen zählten. Es war nicht mehr die Verzauberung von »King's Dream«, sondern eine weit größere Furcht vor dem Andrang ohne die neuen Energien der ersten Welle des Hochhausbaus. In solch einem Klima ist es nicht überraschend, daß die Rufe nach Ordnung von Le Corbusier, Harvey Corbett, Edison und anderen ein solches Gewicht erlangten. Sie galten als die Propheten, welche die Erbauer von Hochhäusern ermahnten, ihre Sünden zu bereuen. Die Kritiker des Hochhauses in jener Zeit trugen zwar eine gewisse moralische Autorität zur Schau, aber ihre Worte klangen hohl. Denn Ende der zwanziger Jahre war es bereits deutlich, daß die Hochhäuser die Städte nicht zerstörten. Sie veränderten zwar ihr Aussehen, und sie machten die Bürgersteige volkreicher, aber sie setzten der gesunden städtischen Zivilisation durchaus kein Ende. In den früheren Auseinandersetzungen um das Hochhaus hatte es wenig Beweise für oder gegen bestimmte Behauptungen gegeben, da wenig gebaut worden war. Aber jetzt standen die Beweise überall herum. Was den Kritikern der zwanziger Jahre fehlte, war eine eindeutige Vorstellung dessen, was für ein komplexer Organismus eine Stadt wirklich ist. Jeder bot eine andere Lösung an – Le Corbusier wollte die Stadt in ein starres System aus weit auseinandergestellten Hochhäusern in freiem Raum verwandeln. Wright wollte die Stadt ganz aufheben. Corbett wollte rationale Transportsysteme schaffen – aber alle gingen von der Annahme aus, daß eine rationale Struktur geschaffen werden könne, um die Probleme zu lösen. Physische Ordnung könne erreicht werden und mit ihr, so versicherte jeder Kritiker, die Lösung aller Probleme.

Nur Raymond Hood, der große Architekt der Wolkenkratzer vom Anfang der zwanziger Jahre, schien die Situation in einer klareren Perspektive zu sehen: »Anhäufung ist gut«, sagte er, »New York ist der erste Ort der Welt, wo ein Mensch in einem zehnminütigen Fußweg aus einem Quartier mit einer Million Einwohnern seinen Arbeitsplatz erreicht . . . Man bedenke, wie das den Bereich

Ein Teil der Faszination des Empire State Building bestand in seiner Konstruktion. Lewis Hine machte eine Reihe von Aufnahmen, die zu Klassikern geworden sind.

Das Empire State Building im Bau.

erweitert, aus dem wir unsere Freunde wählen können, unsere Kollegen und Kontakte, wie leicht es ist, einen ständigen Gedankenaustausch zu entwikkeln.«

Für Hood war die Stadt ein Markt für Ideen, ein Ort, für den die Dichte Grundbedingung war – keine Behinderung für ihr reibungsloses Funktionieren, sondern dessen Steigerung. Die anarchische Stadt der Hochhäuser war für ihn nicht beunruhigend: Solange die Anhäufung in vernünftigen Grenzen gehalten wurde, konnte sie einen Katalysator für eine lebendige Stadt darstellen. Dies ist eine Ansicht, die aus ihrer Zeit zu verstehen ist. Daß die Städte oder Quartiere, die auf dem Corbusierschen Modell basieren, in den meisten Fällen zu Fehlschlägen geworden sind, wird heute kaum noch in Frage gestellt. Aber in den dreißiger Jahren erschien die Vorstellung, daß die Vitalität einer Stadt das Ergebnis ihrer physischen Dichte und Unordnung sein könne anstatt von irgend etwas anderem, das diesen Charakteristiken zum Trotz existierte, offenbar wirklich radikal.

Hoods Erkenntnis, daß die Stadt kein leicht zu rationalisierendes Objekt darstelle, sollte nicht bedeuten, daß man ihr erlaubte, wild zu wachsen. Wie seine eigene spätere Tätigkeit im Planungsteam des Rockefeller Center gezeigt hat, respektierte Hood durchaus bestimmte formale Ordnungen. Aber er anerkannte auch die fundamentalen Fakten der Städte und die Rolle, welche die Hochhäuser darin spielen könnten, wie sie erst eine ganze Generation später erkannt oder gewürdigt wurden. Anfang der dreißiger Jahre wurden Dichte und großes Wachstum im allgemeinen nicht von den Planern, sondern von den Spekulanten gepriesen – in Lobliedern auf die Skyline wie etwa der Werbeschrift »New York: The Wonder City«, veröffentlicht 1932, die jeden Wolkenkratzer in der Stadt auf einer eigenen Seite aufführte und die meisten von ihnen als den größten, großartigsten und luxuriösesten beschrieb, der jemals erbaut worden war, und mit dem Satz begann: »New York – ein Synonym für groß, großartig, verblüffend, wunderbar! New York – ein Mekka, das die größten Geister, die brillantesten Schriftsteller, die geschicktesten Handwerker innerhalb seiner Tore zieht. New York – welche Vision der Größe, Vielfalt und Macht beschwört dieser Name herauf.« Die meisten ernsthaften Menschen taten solche Rethorik als Phrasen ab. Hood hatte die Gabe, über diese Übertreibungen hinwegzusehen und zu erkennen, daß in dem Klischee eine grundlegende Wahrheit enthalten war.

»The Sky-Boy« zeigt einen Arbeiter, der ein Kabel hinaufklettert, im Hintergrund der Hudson River. Dies ist wohl die berühmteste der Aufnahmen von Hines.

Chryzler Bldg. & Other Skyscrapers
Copyright 1930 by Irving Underhill Inc.
N.Y.C.

Kapitel 6

Der Rhythmus der dreißiger Jahre

Raymond Hood bleibt eine merkwürdige Erscheinung – der beste Gestalter von Hochhäusern während der zwanziger Jahre. Viele seiner schönsten Werke basierten auf den Entwürfen eines anderen Architekten: von Eliel Saarinen. Ein Mann, dessen Ruhm auf einem neugotischen Hochhaus gründete – dem Gebäude für die Chicago Tribune –, verbrachte den Rest seiner beruflichen Tätigkeit damit, sich von den Stilreproduktionen fortzubewegen. Und obgleich er an die anarchische Dichte und die Faszination der Stadt glaubte, entwarf er mehrere streng geordnete Bauten, die zu den besten Hochhäusern des Internationalen Stils in den Vereinigten Staaten zählen.

Der erste große Hood-Bau in New York nach dem American Radiator Building war die neue Hauptverwaltung der New York Daily News in der East 42nd Street, Nr. 220, fertiggestellt 1930. Es ist kein Geheimnis, wie Hood diesen Auftrag erhielt: Die populäre Zeitung wurde von der Chicago-Tribune-Gesellschaft gegründet, deren Besitzer von Hoods Bau immer noch so angetan waren, daß sie nicht auf die Idee kamen, die Aufgabe einem anderen Architekten zu übertragen.

Aber wenn sie eine weitere neogotische Extravaganz erwartet hatten, so wurden sie jetzt überrascht: Hood produzierte (zusammen mit John Mead Howells, mit dem er für dieses Projekt wieder eine Partnerschaft einging) ein Gebäude, das mit der Richtung des Hochhausbaus des vergangenen Jahrzehnts brach. Die sorgfältig geplanten Rücksprünge, die in einer ornamentalen Krone kulminierten, waren vorbei, und an ihre Stelle trat eine relativ einfache Scheibe aus weißen Backstein-Vertikalen, die einen scharfen und klaren Eindruck der Höhe vermittelten. Dazwischen lagen zurückgesetzte Fensterbänder und Ausfachungen. Rücksprünge sind zwar vorhanden, aber sie sind sorgfältig angeordnet, um die Wirkung der Höhe zu verstärken, und deuten die Befreiung von der massigen Form nur an.

Das Gebäude ist kühl und kontrolliert in einer Weise wie keines der flamboyanten Hochhäuser der zwanziger Jahre. Hier sind eine Glätte und ein Ausdruck der aufwärtsstrebenden Kraft vorhanden, die für 1930 bemerkenswert kühn erscheinen – es ist nicht überraschend, daß im Vergleich zu den Daily News der Avantgarde das Chrysler Building überholt und prunkvoll erschien. Aber das Daily Newy Building ist alles andere als eine dieser abstrakten Scheiben, die nach dem Zweiten Weltkrieg üblich wurden. Es hat plastische Einfassungen aus rotem und schwarzem Backstein, um ein gewisses Relief zu erzielen, und das plastische Basrelief über der Eingangstür ist besonders üppig, ein dekoratives Detail, das Hoods späteren Beitrag zum Rockefeller Center vorwegnahm.

Nur zwei Jahre später schwenkte Hood wieder um, diesmal mit André Fouilhoux als Partner, und schuf ein Bauwerk, das zumindest wegen seiner schockierenden Wirkung noch größere Aufmerksamkeit erregte als das Daily News Building – das McGraw Hill Building in der West 42nd Street, Nr. 330, auf dem gleichen Grundstück, das John Larkin 1926 für sein 110geschossiges Hochhaus ausgewählt hatte. Das McGraw-Hill-Gebäude ist mit grünlichen Keramikplatten verkleidet, und seine zurückspringende Form kulminiert in einer dekorierten, grell-modernen Anzeigentafel. Vincent Scully hat es eine »Proto-Jukebox« genannt, was der Wahrheit sehr nahekommt, obgleich diese Äußerung die eher strengen industriellen Aspekte des eigentlichen Baukörpers ignoriert. Das

Blick auf Midtown Manhattan im Jahre 1930. Im Vordergrund Madison Avenue, Nr. 295 (von Charles F. Moyer Co., 1929) und das Lincoln Building (von J. E. R. Carpenter, 1930), in der Mitte das Chanin und das Chrysler Building, dahinter das Daily News Building.

Das Gebäude ist ein ebenso ernst zu nehmendes modernes Hochhaus wie diejenigen, die nach dem Zweiten Weltkrieg in den Vereinigten Staaten entstanden. Alle Kennzeichen des Internationalen Stils waren vorhanden – horizontale Fensterbänder (die auch das McGraw Hill Building aufweist), ein auskragender Baukörper, klarer Ausdruck der Funktionen in der Unterscheidung zwischen dem vertikalen Versorgungskern und den horizontalen Bürozonen. Es ist ein schönes Hochhaus mit mehr Würde und Anmut, als alle anderen rein im Internationalen Stil gehaltenen Hochhäuser vor dem Seagram Building aufweisen. Das Philadelphia Saving Fund Society Building war Knut Lönberg-Holms Entwurf für den Wettbewerb der Chicago Tribune stark verpflichtet, einer klaren Übung in glatten schwarzen und weißen Flächen – ein Hinweis nicht nur darauf, daß der Wettbewerb für die Chicago Tribune sogar noch bis in die dreißiger Jahre hinein wirksam war, sondern auch, daß schließlich einige der fortschrittlichen Entwürfe bei den amerikanischen Architekten und Bauherren freundliche Aufnahme gefunden hatten.

Die kraftvolle Moderne des Philadelphia Saving Fund Society Building war natürlich zu Beginn der dreißiger Jahre noch kaum verbreitet, und das Gebäude war selbstredend umstritten. Der Akt der Auftragsvergabe eines solchen Bauwerks im konservativen Philadelphia im Jahre 1929 muß als bedeutender Schritt eines großen Bauherrn in die Architekturgeschichte des zwanzigsten Jahrhun-

Die Buchstaben auf dem Gebäude der Philadelphia Saving Fund Society waren Bestandteil der Gebäudeplanung.

Das Gebäude der Philadelphia Saving Fund Society von Howe und Lescaze, 1932.

Das Waldorf-Astoria-Hotel in New York von Schultze und Weaver, 1931. In Richtung Downtown sind das Chrysler, das Chanin und das Central Building sichtbar, links das General Electric Building.

derts eingehen. »Nichts dergleichen war jemals gebaut worden, und nur selten, etwa beim Wettwerb für die Chicago Tribune und den Hochhausentwürfen von Mies van der Rohe und Le Corbusier, war etwas ähnliches dieser Größe jemals im Vokabular der ersten oder der zweiten Phase des Internationalen Stils erdacht worden«, schrieb Robert Stern.

Aber es gab eine Reihe von Bauten aus dieser Zeit, die, wenn sie auch ästhetisch nicht so fortschrittlich waren, dennoch gewisse andere, weniger strenge Anliegen der Zeit zusammenfaßten. An erster Stelle ist darunter vermutlich das neue Waldorf-Astoria-Hotel an der Park Avenue aus dem Jahre 1931 von Schultze und Weaver zu nennen. Seine Art-Déco-Doppeltürme und soliden Kalksteinmassen waren an der Architektur der Mitte der zwanziger Jahre orientiert, an den großen, aufgetürmten Massen von Hugh Ferriss. Aber innen herrschte eine verwirrende Anordnung von Tanzsälen und Läden, Restaurants und Nachtklubs mit unterschiedlicheren Aktivitäten, als sie irgendein Hochhaus bisher beherbergt hatte. Plötzlich schien es, daß die ganze Welt – oder zumindest die ganze Welt der Phantasie – in einem einzigen Hochhaus enthalten sein konnte.

Man könnte durchaus sagen, daß alles, was die zwanziger und frühen dreißiger Jahre angestrebt hatten – einen einheitlichen und doch romantischen Ausdruck des Hochhauses und eine rationale Organisation der verschiedenen urbanen Funktionen im Innern –, Mitte der dreißiger Jahre bei einem gewaltigen Projekt mitten in Manhattan vereinigt wurde: dem Rockefeller Center. Die

Anlage war ursprünglich 1927 projektiert worden für ein neues Haus der Metropolitan Opera Company. John D. Rockefeller jr. unterstützte die Gesellschaft beim Erwerb des Grundstücks und der Erschließung der umliegenden Blocks zur kommerziellen Nutzung, um das Unternehmen der Compagnie zu subventionieren. Aber die Weltwirtschaftskrise in Verbindung mit politischen Unsicherheiten im Management der Metropolitan Opera Company führten zum Rückzug der Gesellschaft von dem Projekt. Rockefeller blieb das riesige Gelände, und er fuhr fort, es zu bebauen in einer Form, die als erstes großmaßstäbliches, privat finanziertes städtisches Sanierungsprojekt mit gemischter Nutzung in den USA bezeichnet werden könnte.

Die Architekten setzten sich aus einem Konsortium von drei Firmen zusammen: Reinhard und Hofmeister; Corbett, Harrison und McMurray; Hood und Fouilhoux. Die Pläne basierten jedoch weitgehend auf früheren Entwürfen von Benjamin Wistar Morris, welcher der beratende Architekt der Operngesellschaft gewesen war. Als sich die Compagnie zurückzog, verwandelten Reinhard und Hofmeister den Entwurf von Morris in einen klaren Grundriß, der einen hohen, mittigen Turm erforderte, umgeben von niedrigeren Bauten mit einem freien Platz im Zentrum. Es war ein formaler, axialer Grundriß, symmetrisch in der Anlage und stark am Beaux-Arts orientiert trotz dem Hochhaus, das zum zentralen Element geworden war.

Ein frühes Modell des Rockefeller Center, das ein ovales Gebäude an der Stelle der heutigen zentralen Promenade zeigt.

Aber wenn Morris, der sich später zurückzog, und Reinhard und Hofmeister auch den Basisentwurf für das Rockefeller Center geliefert hatten, so waren es Raymond Hood, Harvey Wiley Corbett und Wallace K. Harrison, die das Projekt ausführten. Sie nahmen grundlegende Änderungen vor, einige davon als Ergebnis ästhetischer Entscheidungen, andere als Resultat gewandelter ökonomischer oder programmatischer Bedürfnisse im Laufe der Ausführung des riesigen Unternehmens. Das Ergebnis war eine großartige Mischung aus Beaux-Arts und Moderne, eine Gruppe von Hochhäusern, Plätzen, Theatern und Läden, die eine strenge klassizistische Ordnung und eine lebendige, fast spontane urbane Vitalität zugleich besitzen.

Mittelpunkt und einziger Wolkenkratzer des Komplexes, der wahrhaft als Meisterwerk bezeichnet werden kann, ist das 70geschossige RCA Building. Seine Gliederung war weitgehend das Werk von Hood, der die einfache Scheibe, die Reinhard und Hofmeister in zentraler Anordnung projektiert hatten, zu einer

Raymond Hood, Wallace K. Harrison und Andrew Reinhard vor dem Gipsmodell für La Maison Française und das British Empire Building.

ungeheuer anmutigen Form umgestaltete. Hood plante eine Reihe dünner, herabfallender Rücksprünge an allen Breitseiten der Scheibe wie auch an der Ostseite – Rücksprünge, die das Gebäude scheinbar in eine Reihe schwebender Flächen verwandelten. Es war eine rein visuelle Geste – die Scheibe, eine aufregend neue Form (die, von Wright schon 1920 bei seinem San Francisco Press Building vorgeschlagen, tatsächlich niemals für ein so großes Bürogebäude benutzt worden war), bedurfte der Abstufungen nicht, um den Baugesetzen zu genügen. In der Tat könnte man Hoods Anwendung derselben – worauf Alan Balfour hingewiesen hat – beinahe als rückschrittlich betrachten. Die Theoretiker des Internationalen Stils mißbilligten die Rücksprünge – Hitchcock und Johnson erschienen sie beim McGraw Hill Building zum Beispiel als Schwäche. Aber Hoods großartige gestalterische Begabung war wieder einmal deutlich am Werk: Er erkannte, daß eine Scheibe vor allem zwar Kraft besitzt, aber keine Poesie, und indem er sie sanft zurückschnitt, wurde ihre fundamentale Stärke nicht nur erhalten, sondern auch noch betont.

Von der schlanken Ostseite erscheint das RCA Building fast zu schmal für seine große Höhe. Aber auch hier sind die Abstufungen sinnvoll, indem sie Tiefe und Perspektive vermitteln, die einer rein abstrakten Scheibe abgegangen wären. Ebenso wichtig für das Erscheinungsbild des Gebäudes – wie der benachbarten Bauten – war die von den Architekten vorgesehene Verkleidung: eine Haut aus

Der »Atlas« von Lee Lawrie steht im Vorhof zum International Building im Rockefeller Center.

Die Versprünge des RCA Building, des Mitteltrakts vom Rockefeller Center.

»American Progress«, das große Wandgemälde von José Maria Sert in der Eingangshalle zum RCA Building.

vertikalen Streifen aus indischem Kalkstein mit zurückgesetzten Ausfachungen aus dunklem Metall. Die Materialien sind andere, aber der Effekt der glatten Vertikalität ist der gleiche wie bei Hood und Howells Daily News Building. Dennoch hat das Rockefeller Center auch etwas Erhabenes, das dem Daily News Building abgeht. Diese Bauten wirken trotz ihrer Energie solide und sicher, geplant für Jahrhunderte, was sich zum Beispiel vom Chrysler Building nicht sagen läßt.

Das Geniale am Rockefeller Center ist, daß es eine Mischung zahlreicher Elemente darstellt – oder sie sogar erzeugt –, von denen man meinen könnte, daß sie nicht koexistent seien. Es ist in starkem Maße klassizistisch, dennoch ist es lebendig und energisch; seine Anordnung ist formal und axial, dennoch ist es voll informeller Überraschungen. Seine Konzeption war vorwiegend kommerzieller Natur, dennoch bot es der Öffentlichkeit mehr als manche wirklich öffentlichen Bauten. Am signifikantesten vom Standpunkt der Hochhausplanung ist jedoch, daß es erstmalig eine Anordnung von Hochhäusern in der Gruppe repräsentiert. Keines der Gebäude im Rockefeller Center, nicht einmal das RCA Building, könnte allein existieren; jedes braucht den Kontext der anderen, um seine Bedeutung zu behaupten. Das Hochhaus vor dem Rockefeller Center war als isolierte Einheit geplant worden, als freistehender Turm. Selbst so gut in ihre Umgebung integrierte Bauten wie das American Radiator oder Gebäude mit so vielfältigen Funktionen wie das Waldorf-Astoria-Hotel waren unabhängige Hochhäuser, die keine Verbindung zu anderen Bauwerken benötigten oder forderten. Das Rockefeller Center hat diese Situation verändert. Es erschaffte ein neues Modell, das Modell des Hochhauses als Teil einer zusammenhängenden Komposition aus anderen Hochhäusern. Die Anordnung hatte sowohl ästhetische als auch soziale Auswirkungen, denn sie ermöglichte nicht nur eine visuelle Ordnung der Wolkenkratzerstädte, sondern auch die klar gegliederte Organisation unterschiedlicher Nutzungen. Diese Leistung war auf ihre Weise ebenso bedeutend wie zuvor das Woolworth und das Wainwright Building – denn nach dem Rockefeller Center konnten die Aufgaben des Wolkenkratzers nie mehr die alten sein.

Rockefeller Center in New York, mit dem RCA Building im Mittelpunkt, von Rockefeller Center Associated Architects (Benjamin Wistar Morris; Reinhard & Hofmeister; Corbett, Harrison und MacMurray; Hood und Fouilhoux), 1932-1940.

GROLIER

Kapitel 7

Der Triumph der Moderne

Die Hauptgruppe der Bauten des Rockefeller Center wurde erst 1940 fertiggestellt, als John D. Rockefeller persönlich den letzten Nagel im U. S. Rubber Building (jetzt Simon and Schuster Building) einschlug. So beherrschte der Komplex nicht nur das dritte Jahrzehnt, sondern er überspannte es. Und er schloß wirkungsvoll die Periode der Vorkriegs-Hochhäuser ab, denn während es Ende der dreißiger und Anfang der vierziger Jahre durchaus eine, wenn auch geringe Bautätigkeit gab, wurde doch nichts von wirklicher Bedeutung mehr errichtet – die Auswirkungen der Wirtschaftskrise zusammen mit denen des Krieges machten den Bau von hohen Geschäftshäusern undenkbar.

Erst Ende des Jahrzehnts begann wieder die Errichtung von Großbauten, und zu der Zeit sahen sich die Architekten und Bauunternehmer mit einer veränderten Welt konfrontiert. Das Chrysler Building, Symbol des Jazz-Zeitalters, war 20 Jahre alt – älter, als das Woolworth Building zum Zeitpunkt der Errichtung des Chrysler Building gewesen war. Das kühne Philadelphia Saving Fund Society Building, Symbol für alles Neue und Innovative, war 18 Jahre alt, beinahe so altehrwürdig wie das Chrysler. Die Idee der großen Höhe war nicht mehr überwältigend – Kinder, zum Zeitpunkt der Eröffnung des Empire State Building, 1931, geboren, waren inzwischen nahezu erwachsen. Die Stadt der großen Hochhäuser war eine Selbstverständlichkeit geworden, und es gab wenig, so schien es, was Architekten und Bauunternehmer tun konnten, um die Leistungen der Vergangenheit zu übertreffen.

Die Architektur selbst befand sich nach dem Kriege an einer Art Scheideweg. Die pittoresken Stilreproduktionen des Historismus, die Verwendung von Versatzstücken der Gotik, des Klassizismus und der maurischen Baukunst hatten die dreißiger Jahre hindurch angehalten. Ihre Kraft ließ nach, als die besten Praktiker dieser Bauweise sich zurückzogen, starben oder, wie George Howe, sich dafür entschieden, der sich ausbreitenden Moderne zu folgen. 1950 war der Historismus endgültig tot, ebenso der Art Déco, jener geistvolle, lebendige Stil des stromlinienförmigen oder Aztekenornaments, das die späten zwanziger und frühen dreißiger Jahre beherrscht hatte. Art Déco war ein viel jüngerer Stil als der Historismus, aber vielleicht wirkte er allzu charakteristisch für die Energie und den Geist der Vorkriegsjahre; eine von den Schrecken des Zweiten Weltkriegs geprägte Gesellschaft konnte nicht so leicht der naiven Romantik des Art Déco nachgeben.

Aus welchem Grunde auch immer – die späten vierziger und frühen fünfziger Jahre waren eine Zeit der Pragmatik. Auch die Wirtschaftlichkeit des großmaßstäblichen Bauens hatte sich gewandelt – für die mühsame Arbeit, welche die ornamentalen Stile einschließlich des Art Déco erforderten, standen nicht mehr so viele Handwerker zur Verfügung. Die Bauten wurden in zunehmendem Maße industriell hergestellt, sie unterlagen mehr der Standardisierung, die wiederum die Architekten geneigter machte für die Forderungen der Moderne nach neuen Materialien, einfachen, klaren Formen und strengen, ornamentfreien Außenflächen.

Es war also nach 1950, als die Moderne in den Vereinigten Staaten wirklich zur Blüte kam – nicht als der vornehme Rationalismus, an den die Pioniere der Bewegung in den zwanziger und dreißiger Jahren geglaubt hatten, vielmehr aus wirtschaftlicher Notwendigkeit. Moderne Bauten waren billiger und praktischer

Das Seagram Building in New York von Ludwig Mies van der Rohe und Philip Johnson, 1958.

Das Look Building, Madison Avenue 488, in New York von Emery Roth und Söhnen, 1950.

Das Universal Pictures Building, Park Avenue 445, in New York von Kahn und Jacobs, 1947.

zu errichten – das traf für ein Sechszimmerhaus ebenso zu wie für ein 60geschossiges Hochhaus.

Die Hochhäuser zu Beginn der fünfziger Jahre waren größtenteils eine undefinierbare Masse. Die Mehrzahl wurde in einem Stil erbaut, der niemals benannt und von den meisten Historikern negiert worden ist. Es war eine Art Mischung aus den altmodischen gemauerten Bauten mit Rücksprüngen der Vorkriegszeit und den glatten Bauten des Internationalen Stils. Die besseren Gebäude dieser Art, wie das Look Building von 1950 in der Madison Avenue, Nr. 488, von Emery Roth und Söhnen und das Universal Pictures Building in der Park Avenue, Nr. 445, von Kahn und Jacobs, beide in New York, stehen jedoch schön, fast leicht an der Straße, und es gelingt ihnen, sowohl mit den älteren als auch mit den neueren Nachbarn Schritt zu halten. Die wesentlichen Elemente dieser Stilgruppe sind Außenwände aus Kalkstein (Park Avenue 445) oder Backstein (Madison Avenue 488 und die meisten anderen), der in horizontalen Streifen angeordnet ist im Wechsel mit horizontalen Fensterbändern. Die Massierung ist weitgehend durch die Baubestimmungen festgelegt. Sie verlangen, daß das Gebäude nur in den ersten zwölf Stockwerken das Grundstück ganz einnimmt und dann mehrfach zurückspringt um etwa weitere zehn Geschosse. Das Ganze erscheint ein wenig gedrungen, aber nicht ungefällig.

Blick vom East River in Brooklyn auf das Gebäude der Vereinten Nationen.

Die Wirkung ist einem Hochzeitskuchen ähnlich, aber die große Masse an der Basis faßt die Straßenlinie gut ein. Die Verwendung von Mauerwerk ist wichtig, denn es verleiht dem Gebäude das notwendige optische Gewicht und verbindet es mit den älteren Bauten, die es, zumindest noch vorerst, umgeben, und es gleicht die starke Wirkung der Fensterbänder aus. Bestenfalls waren dies jedoch noch immer langweilige, gedrungene Gebäude, die vorsichtig eine neue Zeit andeuteten. Es überrascht nicht, daß der interessante Aspekt des Look Building nicht seine Gesamterscheinung, sondern seine abgerundeten Ecken sind – ein Detail, das eindeutig auf das Starrett-Lehigh Building (Seite 140) zurückgeht, das große Fabrik-Lagerhaus an der Uferfront von Manhattan aus dem Jahre 1931.

Die wirkliche Innovation zu Beginn der fünfziger Jahre brachte nicht ein kommerzielles Hochhaus, sondern ein institutionelles: das Sekretariatsgebäude der Vereinten Nationen in New York, ein 39geschossiges Hochhaus, dessen Form eine reine Scheibe ist, unmoduliert in Ermangelung von Rücksprüngen und bar jeglicher Dekoration. Das UN-Gebäude war das Werk einer internationalen Architektengruppe unter dem Vorsitz von Wallace K. Harrison, aber die entscheidende Idee stammte von einer Zeichnung Le Corbusiers. Die schmale Scheibe ist so gestellt, daß ihre Längsseiten, die aus grünem Glas bestehen, nach Osten und Westen gerichtet und ihre Querseiten aus weißem Marmor nach Norden und Süden orientiert sind.

Das Gebäude der Vereinten Nationen in New York von einer internationalen Architektengruppe unter der Leitung von Wallace K. Harrison, 1950.

Das UN-Gebäude war eine überwältigende Abstraktion – eine reine Skulptur, bedauerlich unpraktisch in seiner Orientierung (voll verglaste Außenwände, die nach Osten und Westen gerichtet sind, wirken sich vernichtend auf jede Energieberechnung aus) und wenig sinnvoller in seinen festen Seitenwänden, die einer beachtlichen Zahl von Büroräumen Fenster vorenthalten. Darüber hinaus war die Entscheidung – worauf Lewis Mumford hingewiesen hat –, anstelle des großen Versammlungsgebäudes das Sekretariat zum beherrschenden architektonischen Element der Gebäudegruppe für die Vereinten Nationen zu machen, eine merkwürdig symbolische Wahl – sie scheint für den Triumph der Bürokratie über andere Aspekte der Organisation zu stehen.

Dennoch brachte das Sekretariatsgebäude New York den ersten gläsernen Curtain Wall, und das allein ließ es als ein kühnes Emblem des Fortschritts erscheinen – die Vorstellung von einem nur mit Glas verkleideten Hochhaus bestand seit Mies van der Rohes Entwürfen der zwanziger Jahre, war aber niemals realisiert worden. Die Tatsache, daß das Sekretariat allein oder fast allein auf freiem Gelände stand, machte es noch ungewöhnlicher – zum Symbol eines Zeitalters, das sich als frei betrachtete, ungebunden durch die Einschränkungen der Vergangenheit sowohl in ästhetischer als auch in technischer Hinsicht.

Im Jahre 1952, unmittelbar nach Fertigstellung des UN-Gebäudes, errichtete das Architekturbüro Skidmore, Owings und Merrill – das in den darauffolgenden Jahren mehr als jedes andere den amerikanischen Hochhausbau beeinflußt hat – seinen ersten großen Wolkenkratzer: das Lever House an der Park Avenue in New York, sein Architekt war der Skidmore-Partner Gordon Bunshaft. Das Bauwerk war die Hauptverwaltung der Seifenfabrik Lever Brothers. In Auftrag gegeben wurde es von Charles Luckman, einem Architekten, der Präsident von Lever Brothers geworden war und später selbst ein lukratives, wenngleich in keiner Weise bedeutendes Architekturbüro gründete. In der Tat ist es keine Übertreibung zu sagen, daß es Luckmans größter Beitrag zur Architektur war, den Bau des Lever House zu ermöglichen, denn dieses Gebäude übte in der Folgezeit einen größeren Einfluß aus als alle anderen Hochhäuser der fünfziger Jahre. Das Lever Building veränderte die herrschenden Vorstellungen darüber, was ein Hochhaus sein konnte – es übertraf sogar das United Nations Building,

Die Plaza des Lever-Hauses.

Das Lever House in New York von Skidmore, Owings und Merrill, 1952.

Das Inland Steel Building in Chicago von Skidmore, Owings und Merrill, 1957.

indem es aus der reinen Abstraktion eine Tugend machte, und es bot Licht und Offenheit in einer Weise, die für eine Stadt, welche an endlose Blocks aus Kalkstein und Granit gewöhnt war, überwältigend gewesen sein muß.

Bunshaft hatte nichts anderes getan, als einen Block aus der Park Avenue herauszunehmen und zwei Scheiben aus Stahl und Glas einzufügen, eine horizontal auf Stützen über ein offenes Erdgeschoß gestellt, die andere vertikal darüber schwebend. Plötzlich wurde die dichte City geöffnet, sowohl auf Erdgeschoßniveau als auch darüber: Licht strömte hinein, offener Raum außen herum. Es war auch ein großartiger Akt von durch wirtschaftliche Gesichtspunkte bestimmter Philanthropie. Das Hochhaus war kleiner als das von den Bauvorschriften gestattete Maximum – tatsächlich so viel kleiner, daß in den siebziger Jahren, als der Druck der Bebauung schwer auf der Park Avenue lastete, die Firma Lever gezwungen war, mehrere Angebote von Bauträgern abzulehnen, die darauf brannten, das Lever House abzureißen und es durch ein Hochhaus doppelter oder gar dreifacher Größe zu ersetzen.

Die abstrakte Schönheit des Lever Building ist immer noch eindrucksvoll, mehr als ein Vierteljahrhundert nach seiner Fertigstellung, und seine echte Bescheidenheit im Maßstab verleiht dem Straßenbild einen Anflug von Menschlichkeit, der den meisten neueren Glashochhäusern so absolut abgeht. Dennoch weist das Gebäude nach heutigen Maßstäben gewisse Nachteile auf – der Bruch mit der Straßenbegrenzung der Park Avenue, der in den fünfziger Jahren so befreiend wirkte, erscheint jetzt unnötig und in nicht geringem Maße narzißtisch. Das offene Erdgeschoß, das, als es neu war, als die wahre Verkörperung des aufgeklärten Städtebaus erschien, wirkt jetzt etwas langweilig und steril, sein öffentlicher Bereich wird wenig genutzt. Und die Prämisse der »konstruktiven Ehrlichkeit«, auf der das Gebäude angeblich basierte, war natürlich eine Übertreibung. Die Form der Doppelscheibe ist das Ergebnis einer reinen Kompositionsidee, ebenso wie der Abschluß des Chrysler Building, und die Verwendung von Glasverkleidung – die Glasplatten, welche die Konstruktion zwischen den Geschossen bedecken, lassen das Bauwerk erscheinen, als wäre es ganz aus Glas – ist überhaupt keine konstruktive Ehrlichkeit, sondern lediglich eine moderne Version des Ornaments.

Weniger ehrgeizig in seiner Art, doch auch weniger von der Zeit überholt worden ist das frühe Meisterwerk des Chicagoer Büros Skidmore, Owings und Merrill: das Inland Steel Building von 1957 in der West Monroe Street. Hier war die zugrundeliegende Idee der visuelle Ausdruck der unterschiedlichen Funktionen, das heißt die Trennung der Teile jedes Geschosses, die Büros enthalten, von denjenigen, wo sich die Aufzüge, Treppen und andere Dienstleistungsbereiche befinden. Das Ergebnis war eine Glaskiste mit einer danebengestellten Metallkiste. Auch hier, wie beim Lever House, die unbegründete Abstraktion, aber dieses Gebäude hat ebenfalls eine überaus elegante Wirkung – Inland Steel mag seinen metallumhüllten Servicekern nicht benötigen, aber er verleiht der Gesamtform beachtliche Ansehnlichkeit.

Seltsamerweise schienen die Unterschiede zwischen dem Lever House und dem Inland Steel Building auch den Unterschieden in der Auffassung zu entsprechen, die New York und Chicago durch Generationen hindurch getrennt hatten – die Verbreitung der Moderne hatte die im Grunde gegensätzlichen Einstellungen beider Städte nicht völlig aufgehoben. Das Lever House erscheint trotz all seiner modernen Elemente immer noch etwas theatralisch im Vergleich mit dem Inland Steel Building. Seine Abstraktion ist mehr ein reines visuelles Vergnügen, reine Komposition, während Inland Steels Abstraktion unmittelbarer auf dem Ausdruck der Nutzung und der Konstruktion beruht.

In der Tat begann Chicago in den fünfziger Jahren, einiges von den Charakteristiken des Chicago von 1880 anzunehmen. Mies van der Rohe, der sich nach der Emigration aus dem nationalsozialistischen Deutschland Ende der dreißiger Jahre in der Stadt niedergelassen hatte, versammelte um sich eine Reihe von Architekten, die am Internationalen Stil ausgerichtet waren – unter ihnen die frühen Partner von Skidmore, Owings und Merrill. Mies bestimmte eine Haltung der moralischen Autorität und intellektuellen Strenge, welche die Chicagoer Architektur bis in die sechziger und siebziger Jahre zum Ausdruck gebracht hat. Man empfand – ob im Büro von Mies, von Skidmore oder anderswo –, daß die strengen Stahl- und Glaskisten des Internationalen Stils den einzig angemessenen Weg der Architektur darstellten, der in den Nachkriegsjahren zu verfolgen war. Und die Anwesenheit von Mies sicherte, daß die Grundsätze dieses Stils – die große Bedeutung, die er den Proportionen, dem Maßstab, den Materialien und dem Detail widmete – allgemein befolgt wurden.

Mies selbst war mehr als ein Lehrer; er war auch aktiv tätiger Architekt in Chicago. Seine Laufbahn als Hochhausarchitekt hatte Ende der vierziger Jahre mit den Promontory Apartments begonnen, einem frühen Nachkriegsbau im Süden der Stadt. Bemerkenswerter waren die Lake Shore Apartments aus dem Jahre 1952, die Doppelhochhäuser am Lake Shore Drive, Nr. 860–880, welche die ersten vollkommen mit Glas verkleideten Wohnbauten in den USA darstell-

Ludwig Mies van der Rohe.

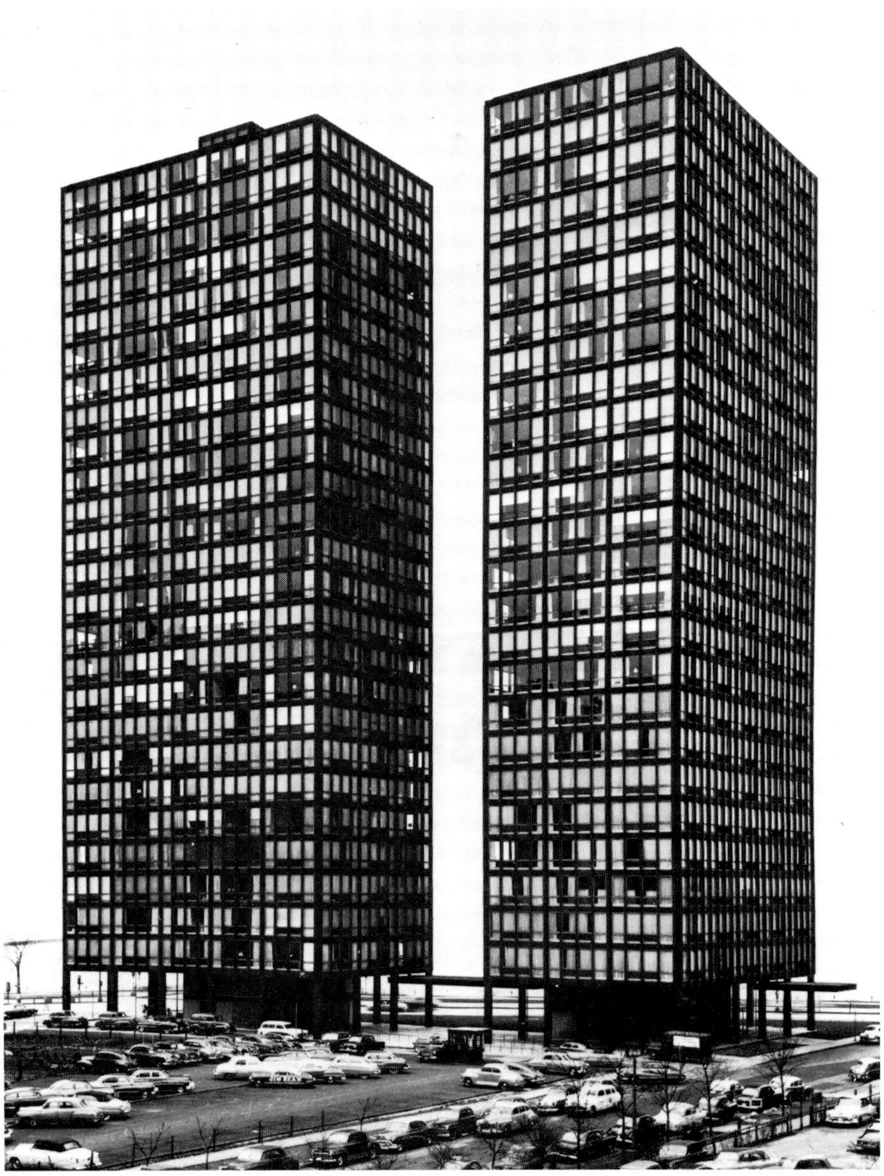

Die Lake Shore Drive Apartments in Chicago von Ludwig Mies van der Rohe, 1952.

Das Alcoa Building in Pittsburgh von Harrison und Abramovitz, 1955.

ten. Die Gebäude waren schlanke, elegant proportionierte Türme auf Stützen mit verglasten Eingangshallen. Ebenso wie das UN-Hochhaus schienen sie eine neue Zeit anzukündigen – eine Welt, in der nicht nur Bürobauten, sondern auch Wohngebäude, nur von Glas umschlossen, in der Luft schweben konnten.

Glas war zweifellos das Material dieses Jahrzehnts. Es war relativ preisgünstig und konnte dazu verwendet werden, fast jede Gebäudeform zu verkleiden: von der eleganten Abstraktion des Lever House bis zu den New Yorker Bauten in der Park Avenue, Nr. 400 und 410, undifferenzierten Hochhäusern von Emery Roth und Söhnen – 1957 und 1959 errichtet –, die, abgesehen von ihrer Glasverkleidung, den Mauerwerksbauten mit horizontalen Fensterbändern zu Beginn des Jahrzehnts glichen. Der Einwand, daß Glasbauten schwierig zu heizen und zu klimatisieren seien, erschien unbedeutend in einem Zeitalter der billigen Energieversorgung. Die relative Anonymität der »Glaskiste« schien kaum jemanden zu bekümmern mit Ausnahme der Architekturkritiker, und selbst sie wurden häufig vom Zauber des Neuen ergriffen. Im weiteren Verlauf des Jahrzehnts begann man in den Innenstädten vieler amerikanischer Städte, nicht nur in New York und Chicago, Glaskisten zu errichten, die entfernt den Bauten von Mies van der Rohe ähnelten. Sie waren sicherlich von ihnen inspiriert, aber die Gebäude selbst hatten nicht mehr Verbindung mit Mies' Entwürfen als ein Ford mit einem Rolls Royce. Selbst jene wenigen Hochhäuser, die nicht mit Glas verkleidet wurden – wie Carson und Lundins Tishman Building aus dem Jahre 1957 in der Fifth Avenue 666 oder Harrison und Abramovitzs Alcoa Building von 1955 in Pittsburgh, die beide mit einer dekorativen Aluminiumverkleidung versehen sind –, waren Kisten mit Flachdächern und einem Aussehen, als seien sie aus vorfabrizierten Elementen erbaut. (In New York erzählte man Ende der fünfziger Jahre den Witz, daß das Tishman Building die Kiste sei, in die das Lever House hineinkäme.)

Die Vorstellung vom Hochhaus als einem romantischen Objekt, als einem Gebäude, das gewisse symbolische Eigenschaften besitzen sollte, erschien verschwunden. Die meisten Architekten dieser Zeit lehnten jeglichen offenkundigen Symbolismus für ihre Gebäude ab, obgleich ihre Bauwerke trotzdem immer noch eine gewisse Botschaft ausdrückten – die Aussage der gesichtslosen Firmenbürokratie, untergebracht in Kisten, die wie alle anderen Kisten aussahen. In diesem Sinne waren die Hochhäuser der fünfziger Jahre ihrer Zeit angemessen. Sie stellten – wenn schon nichts anderes – den architektonischen Ausdruck der sich wandelnden amerikanischen Firmenstruktur dar, der sie ihre Existenz verdankten.

Es gab eine bemerkenswerte Ausnahme von diesem Trend, ein so kleines Gebäude – nur 15 Geschosse hoch –, daß es nach dem Standard der Zeit kaum als Hochhaus angesehen werden konnte: der Price Tower in Bartlesville/Oklahoma, errichtet 1955 nach den Entwürfen von Frank Lloyd Wright, der seit der Jahrhundertwende versucht hatte, ein Hochhaus zu bauen. Der Price Tower, die Hauptverwaltung einer örtlichen Firma, enthielt auch Wohnungen. Er basierte auf einem großartigen Entwurf Wrights für ein Wohnhochhaus von 1928 für die New Yorker Kirchengemeinde St. Mark's in the Bowery. Die Weltwirtschaftskrise verhinderte damals die Realisation des Projekts, aber Wright erweckte es Anfang der fünfziger Jahre zu neuem Leben. Das Hochhaus zeigt Wrights energisches Bestreben, aus der Kiste auszubrechen – es ist ein Entwurf mit Ecken und Vorsprüngen, voll Spannung und Schärfe, ein Gebäude mit weit mehr Einfällen, als seine bescheidene Größe sie rechtfertigen mag. Wäre es im Jahre 1928 in seiner ursprünglich vorgesehenen Höhe von 20 Geschossen errichtet worden, hätte es zu den bedeutenden Bauten des zwanzigsten Jahrhunderts gehört. 1955 in seiner reduzierten Form erschien es eher als Kuriosität denn als ein Modell, das eine Idee widerspiegelt.

Der Price Tower in Bartlesville/ Oklahoma von Frank Lloyd Wright, 1955.

Es gab einige weitere konventionelle Ausnahmen vom allgemeinen Standard der Banalität, der charakteristisch für die zweite Hälfte des Jahrzehnts war. Skidmore, Owings und Merrills Hauptverwaltung der Firma Pepsi-Cola (heute das Olivetti Building) in der Park Avenue 500 in New York, Ende der fünfziger Jahre fertiggestellt, ist eine elegante Kiste aus Glas und Aluminium, die auf Stützen zu schweben scheint, aber den Straßenverlauf und den Maßstab der benachbarten Bauten respektiert – ein Kleinod aus Metall und Glas, das sich gut gegen die es umgebenden älteren Mauerwerksbauten behauptet.

Aber der Höhepunkt der fünfziger Jahre war fraglos die Fertigstellung des Seagram Building in New York im Jahre 1958 – Mies van der Rohes erstes großes Firmenhochhaus. Er hatte es gemeinsam mit Philip Johnson geplant, und es war auf seltsame Weise zustande gekommen. Die Architektin Phyllis Lambert, Tochter von Samuel Bronfman, dem Geschäftsführer der Firma Joseph E. Seagram, war so betrübt, als sie erfuhr, ihr Vater halte an Charles Luckman als Architekten für das geplante Gebäude fest, daß sie von Paris nach New York flog, um ihn dafür zu gewinnen, daß er einen Architekten von internationaler Bedeutung wählte. Der Vater gab seiner Tochter nach und beauftragte sie mit der Suche. Sie hat später erklärt, sie habe an Frank Lloyd Wright gedacht, aber dann empfunden, daß sein Werk die Pioniermentalität eines vergangenen Amerika repräsentierte und daß Le Corbusiers Formen keinen »guten Einfluß« auf New York

Das Pepsi-Cola Building (heute Olivetti Building) in New York von Skidmore, Owings und Merrill, 1960.

haben würden. Mies, so dachte sie, war der Architekt des Tages: »Mies zwingt einen hinein. Man muß tiefer gehen. Man könnte meinen, diese strenge Kraft, diese häßliche Schönheit, sei furchtbar ernst. Es ist so, und doch ist um so mehr Schönheit darin enthalten.« Das Seagram Building ist ein 38geschossiger Turm aus Bronze und Glas, zurückgesetzt von der Park Avenue auf eine große Plaza mit Einfassungen aus grünem italienischem Marmor, die als Bänke dienen, und zwei großen Springbrunnen im Vordergrund. Das Gebäude erhebt sich ohne jeden Rücksprung in die Höhe. Es hat eine zweigeschossige Eingangshalle aus Travertin, glasverkleidet wie die Basen von Mies' Wohnbauten. Gewöhnliche Ladenfronten sind aus diesem Gebäude verbannt, und die vorhandenen kommerziellen Nutzungen – das großartige Restaurant »Four Seasons« und sein Pendant, die Brasserie – sind diskret an die Rückseite verwiesen.

Seagram ist das raffinierteste Glashochhaus, das jemals gebaut wurde, ein Tempel der Vernunft – ein Gebäude, das errichtet wurde, um Mies' Prinzipien der Ordnung, Logik und Klarheit in allen Punkten zu erläutern. Es ist jedoch nicht ganz das, als was es erscheint – Mies lag weit mehr daran, seine Bauten konstruktiv einfach erscheinen zu lassen, als sie tatsächlich konstruktiv einfach zu machen. Louis Kahn zum Beispiel nannte Seagram gern »eine schöne Dame im verborgenen Korsett«, weil die »reine« miesische Haut eine Anzahl zusätzli-

Das Seagram Building bei Nacht, im Hintergrund das Waldorf-Astoria-Hotel.

Die Plaza des Seagram Building.

cher Stützen verbirgt. Und der Doppel-T-Träger, der die Fassade entlangläuft, sowie die mit Marmor verkleideten falschen Fenster an der Seite sind manieriert und ornamental, nicht wahre Ergebnisse der Technik, als die Mies seine Bauten darzustellen beliebte.

Das macht jedoch nichts. Wenn der Mythos, der dieses Gebäude (und die anderen Werke von Mies) umgibt, auch nicht völlig die Realität reflektiert, so mindert das doch nicht Seagrams Bedeutung als eines der großen Bauwerke des zwanzigsten Jahrhunderts. Der bronzene Curtain Wall ist heiter, die Proportionen sind exquisit, und die Detaillierung ist vollkommener als bei jedem anderen Nachkriegs-Hochhaus in der ganzen Welt. Selbst die Armaturen der Toiletten und die Beschriftung der Briefkästen in der Eingangshalle wurden speziell dafür entworfen.

Seagram war, wie das Rockefeller Center, eine Art Modell – es bot neue Möglichkeiten für Hochhäuser. In diesem Falle waren die Folgen leider wenig segensreich – denn während ein Rockefeller Center, auch von weniger fähigen Händen gestaltet, dennoch vielfältigen Aktivitäten der öffentlichen Nutzung Raum bieten würde, wäre eine Imitation des Seagram Building nur ein banales Hochhaus, eine Kiste, kaum anders als das, was ihm vorausgegangen war. Und genau das passierte in den darauffolgenden Jahren, als New Yorks Stadtplaner, überwältigt von der Schönheit des Seagram, das sich in ungebrochener Höhe von einer weiten, offenen Plaza erhebt, die Baubestimmungen änderten, um weitere Hochhäuser wie das Seagram anzuregen. Die Ergebnisse erwiesen das Seagram Building, obgleich es ein großes Kunstwerk ist, als ein schlechtes Modell.

Kapitel 8

Die gewonnene Schlacht – Abstraktion und öffentlicher Raum

Die Erweiterung des Rockefeller Center. Obgleich Bestandteil der Originalplanung für das Rockefeller Center, wurden diese Hochhäuser an der Westseite der Avenue of the Americas erst viel später von Harrison, Abramovitz und Harris errichtet. Es sind das Exxon (1973), das McGraw Hill (1973) und das Celanese (1974) Building.

Im New York des 20. Jahrhunderts hat es die Tendenz gegeben, eine Idee zuerst in ihrer besten Form zu präsentieren und sie dann zu verwässern, anstatt sie in späteren Versionen zu verbessern. So geschah es leider beim Rockefeller Center, dessen Qualität die nachfolgenden Hochhausgruppen niemals auch nur annähernd erreichten, weder andernorts noch in seiner eigenen Stadt, und das gleiche gilt für das Seagram Building. Das auf die Fertigstellung des Seagram folgende Jahrzehnt war die Ära der glatten Hochhäuser, der Wolkenkratzer, die sich direkt von einer offenen Plaza in die Luft erhoben. Aber kein einziger Nachfolger von Seagram erreichte die Schönheit des Originals. Einige Nachahmungen, etwa die wenig attraktive Hochhausgruppe an der Third Avenue in Manhattan, waren lediglich billig und verworren; andere, zum Beispiel Mies van der Rohes eigene Federal-Center-Gruppe in Chicago von 1969, waren raffiniert und elegant, aber ihnen fehlte die außergewöhnliche Beachtung des Details – ganz abgesehen von der energischen, überwältigenden Frische, die das Seagram auszeichnete.

Eero Saarinen war ein Architekt, dessen – wenngleich nicht immer subtile – gestalterische Phantasie die Architektur der fünfziger Jahre stark beeinflußt hat. Und es ist nicht erstaunlich, daß sein einziger Versuch eines Hochhauses, das CBS Building in New York, zu einem der meistdiskutierten Gebäude der sechziger Jahre wurde. Das CBS-Gebäude, 1965 nach Saarinens Tod fertiggestellt, folgt der zeitgenössischen Art der Massierung – es ist ein kastenförmiger Turm, der sich ohne einen einzigen Rücksprung mit 38 Geschossen in die Höhe streckt, aber er bricht in seiner Form völlig mit dem damals vorherrschenden Stil. Der Turm ist mit dreieckigen Stützen aus dunkelgrauem Granit verkleidet, hinter die graue Füllungen aus Granit gesetzt sind. Der Gesamteindruck der Fassade ist der eines Rasters mit leichter Betonung der Vertikalen.

Das Gebäude ist würdevoll – was wohl jedes Bauwerk aus so viel anthrazitfarbenem Granit wäre –, aber es hebt sich beinahe übermäßig von seiner Umgebung ab. Das CBS Building verstärkte eine Tendenz, die mit jenen Meisterwerken Lever und Seagram begann: die Ablehnung jeglichen unmittelbaren Zusammenhangs oder sogar jeder sichtbaren Anerkennung des architektonischen Kontextes, dessen Bestandteil es bildet. Das CBS-Gebäude ist auf allen Seiten vom Bürgersteig zurückgesetzt, seine Plaza liegt sogar einige Stufen unter Straßenniveau, um die Trennung zu betonen. Der Bau steht mit seiner Hauptseite an der Avenue of the Americas, einer großen Durchgangsstraße; dennoch ist auf dieser Seite zwischen keiner der düsteren Granitsäulen eine Tür – vielleicht wäre das schon eine zu enge Bindung an die übrige chaotische Bebauung dieser Straße, von der sein Bauwerk abzuheben Saarinen sich so überaus bemüht hat. Aber höchst wirkungsvoll ist die rein abstrakte Form des Gebäudes – die Kiste ist in keiner Weise darauf bedacht, das Leben in der Stadt um sie herum in Betracht zu ziehen.

Saarinens Büro – und in gewissem Grade auch dessen Leitung – wurde von Kevin Roche und John Dinkeloo übernommen, die zu seinen ältesten Partnern gehört hatten. Sie setzten ein erstes Zeichen in der Hochhausplanung mit einem relativ kleinen, aber visuell eindrucksvollen Gebäude, dem Hauptsitz der

Das CBS Building in New York von Eero Saarinen, 1965.

Knights of Columbus in New Haven. Hier bilden vier massige Zylinder die Ecken, und die Geschosse werden von großen Cor-ten-Stahlbalken getragen, welche die Abstände zwischen den Stützen wie große Brücken überspannen. Es ist im ganzen eigentlich ein ausgeklügeltes Beispiel für Effekthascherei. Die Türme sind etwas zu schwer im Verhältnis zu ihrem Abstand voneinander, und sie enthalten keine Aufzüge oder andere Versorgungselemente, wie man es logischerweise annehmen würde; diese Funktionen sind gebündelt in einem verborgenen zentralen Servicekern.

Das Knights-of-Columbus-Haus erinnert an die ehrgeizigen Megastruktur-Entwürfe aus den frühen sechziger Jahren von der Gruppe Archigram und den japanischen Metabolisten: Sie stellten eine symbolische Vision der kühnen und technologisch erschreckenden neuen Welt dar, einer Welt der gewaltigen Bauwerke, die sich selbst in die Landschaft setzen wollten, anstatt aus ihr zu erwachsen. Der Entwurf war viel zu anspruchsvoll für die bescheidene Größe des Hochhauses – es ist nur 23 Geschosse hoch –, und dieses Gebäude teilt die Schwäche, die so viele seiner zeitgenössischen Bauten kennzeichnet: das Bedürfnis, allein zu stehen, ein von seiner urbanen Umgebung gelöster Gegenstand zu sein. Diese Tendenz hat Kevin Roche, der Chefplaner des Büros, bei seinen späteren Hochhäusern nicht mehr so stark verfolgt. Während manche Bauten wie die National Bank in Worcester/Massachusetts von 1974 eindeutig plastisch

Knights of Columbus Tower in New Haven von Roche und Dinkeloo, 1967.

Worcester County National Bank in Worcester/Massachusetts von Roche und Dinkeloo, 1974.

Modell vom Hotel- und Bürogebäude des United Nations Plaza.

bestimmt sind, streben sie doch danach, sich ihrem städtebaulichen Kontext einzufügen.

Tatsächlich ist Roches United Nations Plaza Hotel- und Bürokomplex in New York City von 1976 beinahe ein Beispiel für das Ausmaß, in dem abstrakte Bauten auf die sie umgebende Stadt Bezug nehmen können. Obgleich die Verkleidung aus einem Raster von blaugrünen, reflektierenden Glasscheiben besteht, die jede Andeutung der inneren Konstruktion verdunkeln, paßt sich ihre Farbe gut dem Sekretariatsgebäude jenseits der Straße an. Und die Form, die auf den ersten Blick willkürlich erscheint – das Gebäude hat an der Südostseite eine eingeschnittene Ecke und einige Rücksprünge von 45 Grad im Norden –, bildet einen raffinierten Kontrast zur glatten Scheibe des Sekretariatsgebäudes.

Das United Nations Plaza ist eines der schönsten hohen Gebäude der Nachkriegszeit trotz der Tatsache, daß es jeder vernünftigen Regel des Hochhausbaus widerspricht. Die exquisite Haut umhüllt das Bauwerk wie eine Decke und gestattet keinen Ausdruck der unterschiedlichen Nutzungen, die das Gebäude

United Nations Plaza in New York von Roche und Dinkeloo, 1976.

charakterisieren (es enthält Büros in den unteren Geschossen und darüber Hotelräume), oder der Geschoßaufteilung. Es ist nur reine Abstraktion, schön und elegant gestaltet dank Roches hoher Begabung.

Ioh Ming Pei und sein wichtigster Entwurfspartner, Henry Cobb, haben in diesen zwei Jahrzehnten eine ähnliche Entwicklung durchgemacht. Das Büro Pei produzierte in den sechziger und zu Beginn der siebziger Jahre eine Reihe gefälliger Hochhäuser aus Stahlbeton, Bauten wie das Kips Bay Plaza (1965) und das Wohnhochhaus University Towers (jetzt Silver Towers) (1960–1965) in New York oder das Projekt Society Hill Tower in Philadelphia (1962), die alle rhythmische Fassaden aus waffelähnlichen Betonrastern haben. Aber Pei griff bei seinem bedeutendsten späteren Hochhaus, dem John Hancock Tower am Copley Square in Boston, den er zusammen mit Cobb entwarf, auf Glas zurück. Dieses Gebäude wurde aus anderen als ästhetischen Gründen berühmt: 1972, kurz vor seiner Fertigstellung, begannen seine Fenster herauszufallen. Sie mußten nacheinander alle ersetzt werden, was die Eröffnung des Gebäudes um mehrere Jahre verzögerte und einen der schwierigsten architektonischen Prozesse um Bauschäden verursachte. Mindestens ein Jahr lang waren die Originalfenster entfernt und durch Holzbretter ersetzt, was zu einem solchen Kennzeichen der Bostoner Bebauung wurde, daß der Witz in der Stadt umlief, das Gebäude sollte in US Plywood (Sperrholz) Building umbenannt werden.

Als das Bauwerk schließlich 1975 mit neuen und anderen Fenstern eröffnet

Wohnbauten University Towers in New York von Ioh Ming Pei, 1960-1965.

Kips Bay Plaza in New York von Ioh Ming Pei, 1965.

Die Basis des John Hancock Tower mit Trinity Church (von Henry Hobson Richardson, 1877), die sich auf der Fassade spiegelt, daneben das Copley Plaza Hotel (von Henry Hardenbergh, 1912).

John Hancock Tower in Boston von Ioh Ming Pei und Henry Cobb, 1975.

wurde, erwies es sich als eine Art ästhetischer Triumph. Wie Roche bei dem United Nations Plaza, hatte Cobb hier eine Abstraktion in Glas geschaffen, die in ihrer Form die Linien und Massen der umgebenden Bebauung und der Freiräume berücksichtigte. Der John Hancock Tower ist ein sehr schlankes Parallelogramm mit einer kurzen Basis, welche die Gesimse der Nachbarbebauung aufnimmt. Ein vertikaler Einschnitt in die Glasfassade über die ganze 64geschossige Höhe verleiht ihm so etwas wie eine Struktur.

Es ist nicht erstaunlich, daß die Bostoner, die sich über das Gebäude während seiner Fensterkrise bedenkenlos lustig gemacht hatten, es dann als ein überwältigendes Bauwerk allgemein bewunderten. Aber die reine Abstraktion des Hancock Tower bleibt, trotz aller Versuche der Anpassung an seine Umgebung, ein Außenseiter in seinem Kontext. Das Gebäude teilt den Copley Square mit zwei der größten öffentlichen Bauten der Vereinigten Staaten aus dem 19. Jahrhundert – Henry Hobson Richardsons Trinity Church und dem Bibliotheksgebäude von McKim, Mead und White. Zusammen mit Henry Hardenberghs Copley Plaza Hotel erzeugen sie eine Stimmung, die das Hancock Building eindeutig verletzt, schon durch seine große Höhe. Aber den größten Mißklang bildet das Material des Gebäudes: Glas ist dünn, zerbrechlich, gespannt, während das Mauerwerk der früheren Bauten dick, solide, selbstsicher ist. Die älteren Gebäude sind reiche, geheimnisvolle Bauwerke, Zeugen menschlicher Vergänglichkeit – der gläserne Turm ist ein technisches Objekt, dessen Bedeutung nicht auf dem Ausdruck der Präsenz menschlichen Bemühens, sondern dem Ausdruck von dessen Abwesenheit beruht. Es gibt noch andere Probleme bei der Gestaltung eines Gebäudes wie das Hancock – Probleme, die dieses Bauwerk allerdings nicht am stärksten beeinträchtigen. Die Verwendung von reflektierendem Glas, einem Material, das sich zunehmender Popularität erfreut (ein nicht unwesentlicher Grund für seine Beliebtheit ist seine Eigenschaft, die hohen Klimatisierungskosten von Hochhäusern zu reduzieren), tendiert dazu, die Abstraktion der Gesamterscheinung des Gebäudes zu verstärken. Im Falle von Hancock bedeutet die extreme Reflexion, daß das Gebäude buchstäblich die Trinity Church spiegelt, was den Bau zu einem noch weniger »wirklichen« Objekt im Sinne konventioneller Wahrnehmung macht. Es wirkt überhaupt nicht wie ein Gebäude, sondern wie ein großer, schlanker Spiegel, der gegen den Himmel gestellt ist.

Prudential Center in Boston von Charles Luckman, 1963.

Und selbst wenn man die Prämisse, daß der Wolkenkratzer im Prinzip ein abstraktes Objekt sei, akzeptiert – und dabei vergißt, wie weit uns das von der Menschlichkeit der frühen Hochhausarchitekten entfernt –, wirft dies ein ebenso schwieriges Problem auf. Es gibt keine logische Möglichkeit, in ein abstraktes Objekt eine Tür einzufügen, ihm einen überdachten Vorbau zu geben oder auf ihm irgendwelche Zeichen anzubringen, ohne seine Abstraktion grundlegend zu verletzen. Beim Hancock Building benutzte Cobb eine Reihe von der Glasfassade vorspringender Glasblasen als Eingangsüberdachungen. Sie sehen töricht aus und passen nicht zur Ästhetik des Gebäudes, sie wirken so, als ob der Architekt sich verzweifelt bemüht hätte, ein Element im menschlichen Maßstab hinzuzufügen, und eines auswählte, das aus dem Zirkus stammt. Wahrscheinlich hatte Kevin Roche die beste Lösung: Beim United Plaza Building schälte er ein Stück der Glashaut unten ab und verwandelte es in eine Eingangsüberdachung, durch welche die Integrität der Gesamtform nicht verletzt wurde. Die Tendenz zur Herstellung abstrakter Formen war einer der beiden Trends, welche diese Zeit kennzeichneten. Der andere waren die längst überfällige Erkenntnis, daß die städtebaulichen Wertvorstellungen, verkörpert im Rockefeller Center, in der Tat wichtig waren, und das daraus resultierende Bestreben, neuen Hochhäusern etwas von dem gleichen Eindruck der städtischen Nützlichkeit zu vermitteln. Es wurde üblicher, Kleinläden in Hochhauskomplexe einzufügen, und man begann, die öffentlichen Plazas als wünschenswert zu betrachten, nicht nur als Mittel, um ein Hochhaus von der Straße abzusetzen.

Viele der frühen Komplexe zeichneten sich weder in architektonischer noch in städtebaulicher Hinsicht aus. Bostons Prudential Center von Charles Luckman, 1963 fertiggestellt, ist eine Anhäufung mittelmäßiger Türme, angeordnet um eine strenge und häßliche Promenade, die Ästhetik eines vorstädtischen Einkaufszentrums einem unwilligen Stadtkern aufgedrängt. Es war eine grobe Verletzung des Geistes vom Rockefeller Center, ebenso wie sein Zeitgenosse, Hartfords Constitution Plaza, das die zusätzliche Sünde beging, auf einer Plattform zu stehen, und dadurch völlig von dem es umgebenden Leben in der Stadt ausgeschlossen wurde. In städtebaulicher, wenn auch nicht in architektonischer Hinsicht besser waren zwei Ende der sechziger Jahre begonnene Komplexe des Architekten und Unternehmers John Portman: das Peachtree Center in Atlanta und das Embarcadero Center in San Francisco. Portman hatte sowohl das Rockefeller Center als auch das Tivoli in Kopenhagen studiert, und die Ergebnisse sind sichtbar. Seine Komplexe zeichnen sich durch eine beachtliche Berücksichtigung sozialer Interaktionen aus: durch die Einfügung von Cafés, parkähnlichen Alkoven und durch reichliche Ladenfläche. Für das dem Peachtree Center weitgehend nachgebildete Hyatt Regency Hotel plante Portman einen gewaltigen Innenhof, der das Hotel zu einer in das Gebäude integrierten Plaza und einem Theaterschauplatz machte, wie es keinen zweiten im amerikanischen Städtebau dieser Zeit gibt. Portmans Ästhetik steht jedoch nicht ganz im Einklang mit seinen menschheitsbeglückenden Absichten: Er liebt massive Bauten aus Sichtbeton und Glas, kühne Anhäufungen von einfachen geometrischen Formen, die häufig den Abstraktionen

Peachtree Center und Hyatt Regency Hotel in Atlanta von John Portman, 1967 ff.

Alkoven im Embarcadero Center.

Embarcadero Center in San Francisco von John Portman, 1971.

anderer zeitgenössischer Architekten sehr nahekommen. Für seine Hotels Peachtree Plaza, Detroit Plaza und Los Angeles Bonaventure verwendete er hohe Glaszylinder, freistehend in Atlanta und Detroit und zu einer Fünfergruppe verbunden in Los Angeles.

So wird Portmans eifriges Bemühen um menschliche Aktivitäten nicht wirklich durch Respekt vor der traditionellen Stadt ausgedrückt – sein Städtebau findet im Gebäude statt, nicht außerhalb. In gewisser Hinsicht hat Portman eine Alternative zu den bestehenden Innenstädten ebenso wie eine Betonung derselben geschaffen, weil die riesigen geometrischen Formen, die gewaltigen Glaszylinder oder Innenhöfe, angefüllt mit Cocktailräumen (als schritte man mit einem Martini in der Hand durch Piranesis Hallen, hat Charles Moore einmal von einem Portman-Raum gesagt), sind nicht nur selbst grundlegend abstrakt, sondern im Maßstab auch viel größer als die meisten konventionellen Bauten. Das Hotel in Detroit und das zweite Hotel in Atlanta sind je 70 Geschosse hoch, mit Wasserflächen in der Eingangshalle und sich drehenden Lokalen an der Spitze. Es wurde immer leichter, sich selbst die besten von Portmans Multikomplexen als nur bestimmt für Bewohner einer sich rasch bewegenden, oberflächlichen Welt vorzustellen – einer Welt der Flughäfen und Reisen auf Spesenkonto, aber nicht für die Bürger, die in diesen Städten leben und die benachbarten Bauten täglich nutzen. Das gilt auch für Welton Beckets Hyatt Regency Reunion Hotel in Dallas von 1978, die beste der vielen Portman-Imitationen, die im ganzen Land im Kielwasser des Erfolgs vom Hotel in Atlanta errichtet wurden. Dieses hat nicht nur einen überdachten Innenhof, sondern außen reflektierendes Glas, es erhebt sich in Abstufungen und erreicht damit eine Vereinigung der Tradition der spiegelnden Abstraktion und des innenliegenden Städtebaus. Das Hyatt Regency Reunion steht leuchtend am Rande einer Schnellstraße, mit etwa dem gleichen Aufforderungscharakter wie die Emerald City.

Erstaunlicherweise war es Philip Johnson, der 1972 die verschiedenen Strömungen der Periode in einem Gebäude vereinigte, das zum Modell für einen humanen Wolkenkratzer wurde wie zuvor das Rockefeller Center. Es handelte sich um das IDS Center in Minneapolis, die Hauptverwaltung einer großen Finanzierungsgesellschaft. Weitgehend aufgrund der Forderung von Johnsons

Hyatt Regency Reunion in Dallas/Texas von Welton Becket, 1978.

IDS Center in Minneapolis von Philip Johnson und John Burgee, 1972.

Partner John Burgee wurde das Programm eines einfachen Bürohochhauses erweitert und umfaßt ein Hotel und eine Ladengruppe. Johnson, dessen Erfahrung mit Hochhäusern derzeit auf seine Zusammenarbeit mit Mies van der Rohe beim Seagram Building, den kleinen, aber eleganten klassizistischen Kline Biology Tower von 1963 in Yale und eine Anzahl ungebauter Entwürfe beschränkt war, produzierte einen Plan, in dem ein 51geschossiger Glasturm, ein 19geschossiges Hotel und ein niedrigerer Ladentrakt um einen zentralen, glasgedeckten Innenhof gruppiert sind.

Die Form des Turms ist annähernd ein abgeflachtes Oktogon, dessen diagonale Querseiten in Facetten geschnitten sind und eine Zickzackwirkung erzeugen. Die Facettierung bricht die große Masse scheinbar auf und reduziert ihre visuelle Wirkung ebenso, wie sie der Form Vielfalt verleiht. Da sie auch jedem Geschoß 32 Eckbüros hinzufügt, könnte man sagen, sie habe einen praktischen Zweck und sei nicht nur eine formale Geste. Der Turm ist mit leicht reflektierendem, blaßblauem Glas verkleidet. Wie ein Stoß von Glasbausteinen erhebt sich der transparente Dachbereich des Innenhofes, der als ein großes, inmitten der Stadt aufgestelltes Kristallzelt wirkt. Der Komplex ist an der Außenseite von Ladengeschäften umgeben, um die Verbindung mit der Stadt zu betonen. Es ist bei weitem das größte Bauwerk von Minneapolis und wirkt dennoch, wie das

Der glasgedeckte Innenhof des IDS Building.

Rockefeller Center, mehr als bescheidene und freundliche denn als imposante Präsenz.

Das IDS Center war Johnsons und Burgees erstes ausgeführtes Hochhaus, aber ihm folgte eine Reihe nicht realisierter Projekte, die unsere Aufmerksamkeit verdienen, wenn auch nur, weil sie eine Richtung vorausnahmen, die eine Anzahl von Architekten bald darauf aufgriff. Für die Firma Lehman Brothers in Lower Manhattan entwarfen Johnson und Burgee ein Hochhaus mit V-förmigen Einschnitten an jeder Ecke und einer achtgeschossigen Passage, die durch die Basis führt. Für den Logan Circle in Philadelphia projektierten Johnson und Burgee ein Hochhauspaar an einer zentralen Plaza. Die Massierung, eine seltsame Mischung aus den abgestuften Formen der dreißiger und den Diagonalen der sechziger Jahre, ähnelt den kantigen Hochhäusern, welche die Architekten in dem verzweifelten Bemühen, aus der Kiste auszubrechen, in so großer Zahl Anfang der achtziger Jahre geplant haben. Aber hier ergibt die Form einen städtebaulichen Sinn, denn sie bezieht sich eindeutig auf die Achsen des Logan Circle.

Johnson und Burgee errichteten auch eine Anzahl besserer Hochhäuser in den siebziger Jahren, obgleich ihre späteren Entwürfe mehr zur Abstraktion tendierten. Selten erreichten sie die Qualität der brillanten Kombination guter Gestaltung mit städtebaulichen Erfordernissen wie beim IDS Center. Aber Pennzoil Place in Houston, 1976 fertiggestellt, wurde aus gutem Grund zum bekanntesten Bauwerk im Zentrum dieser aufstrebenden Stadt: ein Paar trapezförmiger Türme, beide oben in einem Winkel von 45 Grad abgeschnitten und am Boden durch einen öffentlich zugänglichen Wintergarten verbunden. Das war reine Abstraktion, aber sie war überwältigend. Seit dem Empire State Building hatte keine Stadt einen solchen erinnerungswürdigen Hochhausabschluß aufzuweisen. Und den Zwillingstrapezoiden eignet trotz all ihrer Energie eine gewisse Würde. Johnsons Begabung ist die auffallende Form zu verdanken, die genau richtig scheint für das Image dieser Stadt, eines Ortes, der eifrig darauf bedacht ist, sich einen Namen zu machen und zugleich stark und stabil zu erscheinen.

Entwurf für die Hauptverwaltung der Firma Lehman Brothers in New York von Philip Johnson und John Burgee.

Entwurf Logan Circle in Philadelphia von Philip Johnson und John Burgee (links).

Pennzoil Place in Houston/Texas von Philip Johnson und John Burgee, 1976 (rechts).

Johnson und Burgee bauten auch ein kleineres Hochhauspaar, genannt Post Oak Central, in Houston. Die Bauten erhielten identische Verkleidungen, die auf den Fensterbändern und abgerundeten Ecken des Starrett-Lehigh Building in New York aus dem Jahre 1931 basieren, einem industriellen Wahrzeichen, das gewissermaßen die mit Fensterbändern versehenen Bürogebäude vom Beginn der fünfziger Jahre vorwegnahm. Johnson und Burgee nutzten das nostalgische Element der Anleihe beim Starrett-Lehigh aus, indem sie die mit Glas und grauen Metallplatten verkleidete Fassade ihrer Gebäude so stromlinienförmig wie nur möglich aussehen ließen und damit auf den Zauber des Art Déco anspielten. Noch viel tiefer in die historischen Anspielungen ging Johnson bei seinen späteren Hochhausentwürfen. Aber in seiner Rebellion gegen die reinen Formen Mies van der Rohes und in der Entwicklung auf das hin, was man als eine theatralischere Art von Wolkenkratzern bezeichnen könnte, begab er sich auf eine Ebene mit einer Anzahl weniger bedeutender Architekten. Einer von diesen, Minoru Yamasaki, überzog seine Hochhäuser eine Zeitlang mit feinem gotischen Maßwerk. Bei einigen seiner Wolkenkratzer, wie dem IBM Building in Seattle von 1964, wirkte das Ergebnis dieser Übung wenig mehr als kostspielig und langweilig, aber bei anderen, wie dem World Trade Center, den 1976 fertiggestellten 110geschossigen Doppeltürmen in Lower Manhattan, war es verhängnisvoll – das Unterfangen, diese großen Türme mit einer feingliedrigen Haut zu verkleiden, war so offenkundig falsch, daß der gesamte Entwurf unaufrichtig wirkt.

Das Starrett-Lehigh Building in New York von Russell und Walter Cory mit Yasuo Matsui, 1931. Zeichnung von Richard Haas.

Post Oak Central Building in Houston/Texas von Philip Johnson und John Burgee, 1976 und 1978.

Die Plaza des World Trade Center.

World Trade Center in New York von Minoru Yamasaki und Emery Roth und Söhnen, 1976.

Die Architektur des Trade Center war eindeutig rückschrittlich – zwei identische Türme, einfache Kisten, auf eine riesige Plaza gestellt. Alle Läden waren in das Untergeschoß verbannt, und übrig blieb eine strenge Fassade auf Straßenniveau, welche die übelsten Auswirkungen der Sanierungsprojekte aus den sechziger Jahren in Erinnerung ruft. Die Türme selbst übernahmen das Prädikat der höchsten Bauten Manhattans, aber trugen mit Ausnahme der reinen Höhe nicht zur Verschönerung der Skyline bei. Ihre flachen Abschlüsse und gewaltigen Massen haben eine tödliche Wirkung auf die Aussicht, ganz anders als die lebendigen Baukörper des Chrysler und des Empire State Building. Man sollte dennoch dankbar dafür sein, daß es zwei Türme sind und nicht nur einer – die beiden Kisten bilden gemeinsam eine fast geglückte minimalistische Skulptur. Wenn nur ein Turm allein existierte, wäre das Ergebnis erschreckend banal.

Blick vom Hudson River auf Lower Manhattan.

Trotz seiner langweiligen Architektur repräsentierte das Trade Center eine Anzahl technischer Innovationen. Die erste und wichtigste war die Haut, die kein an einem tragenden Skelett aufgehängter »Curtain Wall« ist, sondern ein Metallnetz, das auch einen beachtlichen Teil vom Gewicht des Gebäudes trägt. Es war blanke Ironie, daß der modernste Wolkenkratzer der Welt zu einer Art tragender Wand zurückkehrte, einer Version genau dessen, was die frühen Hochhausbauer aufgegeben hatten. Das Trade Center enthielt auch das erste neue Aufzugssystem, das seit den Doppeldeckwagen Anfang der dreißiger Jahre erfunden worden war – hier expedieren riesige Expreßwagen in verschiedenen Intervallen alle Passagiere zu sogenannten »Sky-Lobbies« den Turm hinauf, wo sie in lokale Wagen umgelenkt werden. So muß nur eine geringe Zahl von Fahrstühlen den ganzen Weg durch das Gebäude in die Obergeschosse nehmen,

Das World Trade Center im Bau.

wodurch weniger an wertvoller Fläche in den unteren Geschossen vergeudet wird.

Minoru Yamasakis Begeisterung für die Technik und seine Vorliebe für romantische Formen fanden vollen Ausdruck in dem Hochhaus für die Rainier National Bank in Seattle aus dem Jahre 1978. Dieses Gebäude bildete wohl den Höhepunkt von Yamasakis Bemühungen um gekurvte Formen: Es ist eine Kiste, die auf einer zum Boden hin schmäler werdenden Betonbasis balanciert und daher das ganze Gebäude erscheinen läßt, als schwebe es wie eine Balleteuse auf einem winzigen Punkt. Es ist visuell verblüffend, aber im Gegensatz zum Pennzoil erzeugt es eine gewisse Spannung – die durch die Ausgangsform ausgelöste Überraschung –, die sich niemals auflöst. Das Gebäude scheint immer kurz vor dem Umfallen zu sein und hat stets eine störende Präsenz. Es ist eine Art Ingenieurtrick, reiner konstruktiver Exhibitionismus – auf Kosten einer konventionelleren Erscheinungsform. Eine solche scheint allen bisherigen Erfahrungen nach eine wesentliche Vorbedingung für ästhetische Befriedigung des Betrachters zu sein.

Rainier National Bank in Seattle/Washington von Minoru Yamasaki mit Naramore, Bain, Brady und Johnson, 1978.

Ebenso unkonventionell war William Pereiras Transamerica Building in San Francisco von 1976. Als ein pyramidenförmiger Turm, der auf Pereiras nie gebautem Entwurf aus den sechziger Jahren für die Rundfunkgesellschaft American Broadcasting Co. in New York basiert, erhebt sich dieses Bauwerk zu einer scharfen, dünnen Spitze. Als es errichtet wurde, war es umstrittener als jedes andere Hochhaus in der Geschichte der Stadt, und das aus gutem Grund: Seine Präsenz ist ein Mißklang in dieser sanften Stadt, und seine Details sind grob. Aber letztlich hat sich das Transamerica Building als weniger destruktiv für San Francisco erwiesen als viele andere, weniger ungewöhnliche Wolkenkratzer. Seine dünne und exzentrische Form verletzt die Skyline der Stadt nur unwesentlich. Es ist auch eins der besten Beispiele für das imagebildende Hochhaus seit dem Woolworth – die Firma Transamerica verwendet das Gebäude als Symbol bei seinen Anzeigen und hat es zu einem international bekannten Wahrzeichen gemacht.

Das Transamerica Building in San Francisco von William Pereira, 1976.

Die runden Formen, mit denen sich eine Anzahl von Architekten auseinandersetzt, scheinen Chicago nicht erreicht zu haben, wo die Architektur von Mies immer noch überwältigend dominiert. Nur ein Architekt, Bertrand Goldberg, setzte ein Wahrzeichen, indem er eine andere Art Bauwerk errichtete: Sein bedeutendstes Hochhaus ist der Komplex Marina City in der Innenstadt von Chicago, ein Paar runder Betontürme, die häufig mit Maiskolben verglichen wurden. Mies selbst war in der Stadt aktiv mit seinem Federal Center aus den Jahren 1964 bis 1969 und dem IBM-Gebäude von 1971, nach seinem Tod fertiggestellt, die zu seinen besten Bauten gehören. Aber Skidmore, Owings und Merrill – derart eifrige Nachfolger des Meisters, daß man sie einmal als »die drei blinden Miese« bezeichnet hat – waren noch aktiver. In Zusammenarbeit mit C. F. Murphy und ihrem hervorragenden Architekten Jacques Brownson vollendeten SOM 1965 das schöne Richard Daley Center, das den konventionellen

Marina City in Chicago von Bertrand Goldberg, 1964.

Das Federal Center in Chicago von Ludwig Mies van der Rohe, 1964-1969.

Das Richard Daley Center in Chicago von Skidmore, Owings und Merrill und C. F. Murphy, 1965.

Mies-Stil in eine härtere, rauhere, weniger elegante und in seinen Proportionen merkwürdigerweise dem alten Chicagoer Fenster vor der Jahrhundertwende ähnlichere Version verwandelte. Aber die größte Leistung des Büros SOM in Chicago waren die beiden höchsten Bauten der Stadt, das 95geschossige John Hancock Center von 1969 und der 110geschossige Sears Tower von 1974, der mit rund 500 Meter Höhe das höchste Gebäude der Welt darstellte.

John Hancock Center in Chicago von Skidmore, Owings und Merrill, 1969.

Das John Hancock Center ist ein hoher Schaft, der sich auf allen vier Seiten zur Spitze hin verjüngt. Stolz, fast arrogant stellt es seine statischen Verstärkungen zur Schau – riesige, X-förmige Verstrebungen, welche die Fassade überschneiden. Es ist ein Renommiergebäude von gewaltiger Kraft, obgleich seine Form in der Qualität nicht die benachbarten Bauten an der North Michigan Avenue übertrifft. Der Turm wirkt wie ein drohender Gigant, ein großer Cowboy, der die Stadt durchschreitet. SOMs Versuch, die Form weicher zu machen, indem sie die Basis mit Travertin verkleideten, half wenig. In Wahrheit verlieh er dem Gebäude nur eine zusätzliche unbehagliche, unglückliche Note.

Das Sears-Gebäude war im Erdgeschoßniveau nicht besser – auch hier eine ungeeignete Travertinverkleidung, als ob man die Tatsache verhüllen wollte, daß die Architekten nicht wußten, wie man ihre Hochhäuser mit dem Boden verbinden sollte. Oben ist das Gebäude viel besser. Seine Konstruktion ist ungewöhnlich – eigentlich ein Satz aus quadratischen Rohren, getrennte Türme, die zusammengespannt sind. Die Rohre enden in verschiedenen Höhen und geben dem Gebäude einen vielfältig abgestuften Umriß. Es ist eine großartige Anspielung an die kunstvollen Abschlüsse der alten Chicagoer Hochhäuser, aber sie erwächst unmittelbar und logisch aus dem Ausdruck der Konstruktion. So fanden die Architekten beim Sears Tower einen Weg, das Idiom der modernen Architektur zur Schaffung eines romantischen und im Grunde nicht modernen Ergebnisses, der dekorierten Spitze, zu verwenden.

Chicago produzierte einen weiteren bedeutenden Wolkenkratzer in der sozusagen Spätmiesischen Ära. Es war der 70geschossige Lake Point Tower aus dem Jahre 1968 von Schipporeit und Heinrich. Obgleich er auf Mies' nicht ausgeführten Plänen aus den zwanziger Jahren für ein gläsernes Hochhaus mit gekrümmten Wänden basierte, bestanden signifikante Unterschiede zu dem Modell von

Sears Tower in Chicago von Skidmore, Owings und Merrill, 1974.

BRADNER SMITH & COMPANY PAPER
Chicago Loop
94 WEST
Milwaukee
90 94 EAST
Indiana

Lake Point Tower in Chicago von Schipporeit und Heinrich, 1968.

Mies. Der Turm ist dunkel und in viel stärkerem Maße ein konventionelles Hochhaus, als es Mies' auskragendes Gebäude gewesen wäre. Auch steht Lake Point auf einer schweren, kastenförmigen Basis und nicht direkt auf dem Boden. Aber es stellt eine großartige, leuchtende Präsenz an der Uferfront dar, seine gewellte Fassade drückt eine Poesie aus, die den meisten späten Bauten von Mies abgeht.

Das theatralische Element vom Lake Point Tower wäre angemessener für die New Yorker als für die Chicagoer Hochhaustradition gewesen, obgleich New York keine Stadt ist, in der Grundstücksmakler bereit sind, soviel in den Wohnungsbau zu investieren, wie es die Erbauer des Lake Point Tower taten. New Yorks Tradition im privat finanzierten Wohnungsbau ist immer Knauserigkeit gewesen. Ironischerweise ist hier nur im Bereich des öffentlich subventionierten Wohnungsbaus architektonische Qualität zu verzeichnen. Hochhäuser wie das Waterside Plaza aus rotem Backstein aus dem Jahre 1974 von Davis, Brody and Associates, das ausgekehlte Ecken hat und oben vor- anstatt zurückspringt, sind weit bemerkenswerter als die meisten privat errichteten Hochhäuser.

Waterside Plaza in New York von Davis, Brody Ass., 1974.

Eine lustige Gruppe von Wolkenkratzern wurde in New York in dieser Zeit errichtet. Sie reichen von ungewöhnlichen Versuchen, die theatralischen Neigungen der Stadt auszunutzen, bis zu einem Gebäude, das besser als alle anderen das Beste der sechziger und siebziger Jahre zusammenfaßt. Diese ungewöhnlichen Bauten waren zwei Hochhäuser vom New Yorker Büro Skidmore, Owings und Merrill aus dem Jahre 1974, West 57th Street, Nr. 9, und Avenue of the Americas, Nr. 1114. Beide haben Fassaden, die in einem ständig wechselnden Winkel scharf abfallen. Beide mißachten in arroganter Weise die Bebauungslinie, welche die Straße begrenzt, ein wichtiges Element des New Yorker Straßenrasters. Sie brechen die Straßenlinie auf zugunsten einer auffallenden Form, die akzeptabel wäre bei einem freistehenden Hochhaus, aber schwierig zu rechtfertigen in einer dichten städtebaulichen Situation. Beide Gebäude sind von Gordon Bunshaft geplant, der nur einige Jahre zuvor, 1967, einen der elegantesten und anmutigsten Glasbauten in New York vollendet hatte, das dünnhäutige Marine Midland Building am Broadway, Nr. 140. Aber Bunshafts Leichtigkeit schien ihn in den siebziger Jahren verlassen zu haben und wurde ersetzt durch ein fast übereifriges Streben nach abstrakten Kurven, die nur wenig Beziehung zu der jeweiligen architektonischen Aufgabe zeigten.

West 57th Street, Nr. 9, in New York von Skidmore, Owings und Merrill, 1974. Zeichnung von Richard Haas.

Viel gefälliger, wenn auch im Grunde nicht origineller ist Hugh Stubbins Citicorp Center, der glatte, 1977 fertiggestellte Aluminiumturm. Es ist in keiner Weise kühn oder neu, aber es summiert die besten Entwicklungen seiner Zeit: Es sieht glatt und kühl aus, obgleich die Kühle hier von sanft leuchtendem weißem Aluminium und nicht durch Glas erzeugt wird. Es hat ein Geschoß auf Straßenniveau, das öffentlicher Nutzung gewidmet ist: eine Reihe von Läden und Restaurants um einen Innenhof. Und es hat einen Abschluß, der im Winkel von 45 Grad geschnitten ist und der Silhouette des Gebäudes eine starke Wirkung verleiht. Citicorp ist weder städtebaulich so kreativ wie das IDS – das die Quelle mancher seiner Elemente darstellt – noch so plastisch schön wie das Pennzoil oder der Bostoner Hancock Tower. Aber es enthält die besten Aspekte von jedem dieser Gebäude. Und vor allem war Citicorp ein Zeichen dafür, daß Ende der siebziger Jahre ein ernsthafter Wandel der Erwartungen stattfand, die selbst die konservativsten Bauherren an ein Hochhaus stellten. Sie bestimmten die Richtung, welche die Hochhausplanung in den achtziger Jahren unseres Jahrhunderts einschlug.

Plaza des Citicorp Building mit der Kirche St. Peter's Lutheran im Vordergrund (links).

Citicorp Building in New York von Hugh Stubbins Ass., 1977 (rechts).

Kapitel 9

Die Überwindung der Kiste

Park Avenue, Nr. 277, in New York von Emery Roth und Söhnen, 1963. Umbau 1981 von Haines, Lundberg und Waehler.

Um 1980 war eines klar: Die Kiste, der rationalistische Traum des Internationalen Stils, wurde den Architekten zunehmend unbehaglicher. Sie war nicht nur nicht mehr das klare und heitere Bauwerk, das als Fanfarenstoß eines neuen Zeitalters diente; sie war nicht einmal in der Lage, das Versprechen der Praktikabilität zu erfüllen. Vom Standpunkt des Energieverbrauchs waren die Kisten allesamt ineffizient und vom Standpunkt der Immobilienmakler auch nicht wirtschaftlich.

Denn Ende der siebziger Jahre hatte der Erfolg einiger weniger bemerkenswerter Hochhäuser des vorangegangenen Jahrzehnts – Bauten wie das IDS Building, Pennzoil Place, Citicorp Center und John Hancock Tower – die Bauträger zunehmend für Alternativen zu der strengen Glaskiste empfänglich gemacht. John Portmans Entwürfe haben auch eine Rolle in der Wandlung des öffentlichen Geschmacks gespielt – und damit auch der Marktforderungen. Jetzt sind Hochhäuser gefragt, die Gelegenheiten für soziale Interaktionen bieten, die als umbaute öffentliche Begegnungsorte dienen, als Stadtplätze, gewissermaßen als Agoras, und die nicht nur Büro- und Hotelräume oder identische Wohneinheiten beinhalten. Am Ende des Jahres 1980 enthielten die meisten der großen, im Bau befindlichen Hochhäuser in New York zumindest eine Art öffentliches Atrium, eine innenliegende Straße oder »Galleria«, wie man jetzt solche Bereiche zu bezeichnen pflegt, und das allein unterschied die neuen Bauten von ihren Vorgängern, den banalen Glaskisten der sechziger Jahre an der Third Avenue.

Und zumindest ein Gebäude der vorigen Generation, das Hochhaus Park Avenue, Nr. 277, von Emery Roth und Söhnen aus dem Jahre 1963, wurde von Haines, Lundberg und Waehler so umgestaltet, daß es ein verglastes, öffentlich zugängliches Atrium vor dem Gebäude erhielt, in dem Bereich, der ursprünglich von einer strengen Betonplaza eingenommen worden war. Der Umbau erfolgte auf Wunsch des größten Mieters des Gebäudes, der Chemical Bank, die auf Mittel und Wegen bestand (und bereit war, dafür zu bezahlen), durch die das Hochhaus öffentliche Identifikation erhalten könnte. Die Erkenntnis der Bank, daß dem Gebäude an der Park Avenue in seiner ursprünglichen Form eine derartige Identifikation fehlte, und ihr – wenn auch nicht unbedingt gelungener – Versuch, das Bauwerk so umzuwandeln, daß es neueren Hochhäusern ähnelt, steht für eine späte Einsicht der meisten konservativen Bauherren, daß der kommerzielle Baustil der fünfziger Jahre nicht mehr den Bedürfnissen entspricht.

Ebenso wie es wirtschaftliche und nicht ästhetische Aspekte gewesen waren, die den Kampf der modernen Architektur nach dem Zweiten Weltkrieg entschieden hatten, waren es auch jetzt ökonomische Belange, welche die Bauträger sich von den Miesschen Kisten, mit denen sie die amerikanischen Städte seit Mitte der fünfziger Jahre angefüllt hatten, abwenden ließ. Die Revolution, welche die moderne Architektur repräsentierte, war letztlich in den Sitzungsräumen der Aufsichtsräte dieser Firmen gewonnen worden, nicht in den europäischen Planerbüros der zwanziger Jahre. Und die Ereignisse in diesen gleichen Sitzungsräumen Ende der siebziger und Anfang der achtziger Jahre legten nahe, daß der – wenn auch umfassende – Sieg der Moderne nicht sonderlich tief gegangen war. Selbst Skidmore, Owings und Merrill begannen, Zweifel zu zeigen: Ende 1980 luden die Partner des New Yorker Büros dieser Firma, die sich mit dem Miesschen Nachkriegs-Firmenstil identifiziert hatte, eine Gruppe junger, sogenann-

Skizze Battery Park City in New York von Cesar Pelli.

ter postmoderner Architekten ein, auf einem privaten Symposium ihre Arbeiten zu präsentieren und an einer Diskussion teilzunehmen. Jedoch verhinderten SOM konsequent, das Ereignis zu einer öffentlichen Debatte werden zu lassen. Es endete damit, daß die Partner des Büros Entwürfe zeigten, von denen sie glaubten, daß sie anders oder exzentrischer seien als ihre früheren Arbeiten, als wollten sie beweisen, daß sie keine Miesschen Bauten mehr errichten würden. Und tatsächlich trifft das zu – die meisten der neuen Bauten von SOM, wie das Irving Trust Operations Center in Lower Manhattan mit einem Atrium und der vielflächige Turm an der Third Avenue, Nr. 875, in New York sind weit entfernt von dem, was der Meister, der SOM so stark inspiriert hatte, jemals erdacht haben könnte.

Aber die einfache Abwendung von der starren Miesschen Ästhetik an sich konnte noch keine gute Architektur garantieren. Viele der neuen Skidmore-Bauten zeigen bereits gewisse mechanistische Eigenschaften, als hätte das Büro lediglich anstelle des alten ein neues Miessches Modell übernommen, mit verspielten, abgeschrägten Ecken und glatten Atriumhöfen. Daß dieser Bruch mit Mies nicht allein die Rettung bewirken konnte, war schon 1963 evident geworden, als das Pan Am Building von Walter Gropius, Pietro Belluschi und Emery Roth seine betonverkleidete, achteckige Form mitten in das Zentrum des allzu dicht bebauten Manhattan drängte. (Das Pan Am Building sollte ursprünglich

Irving Trust Operations Center in New York von Skidmore, Owings und Merrill.

Ein früher Entwurf für das Pan Am Building.

Das Pan Am Building in New York von Walter Gropius, Pietro Belluschi und Emery Roth und Söhnen, 1963.

mehr miesisch sein und kein so starker städtebaulicher Eindringling. Es war Gropius, der das Gebäude drehte, so daß es die Park Avenue blockiert, und es noch brutalistischer machte.)

Fünf Jahre später, als Edward Durell Stone und Emery Roth das General Motors Building in New York errichteten, bei dem vertikale Bänder aus weißem Marmor die teils vorspringende Fassade überziehen, resultierte die Rebellion gegen die Moderne lediglich in vulgärer, oberflächlicher Prätention und nichts anderem. Stone rechtfertigte seinen Entwurf mit bemerkenswert ähnlichen Argumenten, wie sich die heutige Unzufriedenheit mit der Moderne von Mies äußert – aber seine Alternative bot wenig Neues, mit Ausnahme der Oberflächendekoration. Und ähnlich wurde in einer Zeit, da über den Internationalen Stil hinauszugehen mehr einen Akt der Rebellion als der Anpassung bedeutete, eine enorme Zahl von Formen produziert, die bestenfalls kurios genannt werden können und sicherlich nicht mehr durchdacht sind als die simplen Kisten des Internationalen Stils, die sie ersetzen.

Die meisten dieser Bauten scheinen auf die eine oder andere Art Abkömmlinge des Pennzoil Place, des John Hancock Tower oder des Entwurfs für den Logan Tower von Johnson und Burgee zu sein – Glasbauten, die das moderne

Vokabular der Materialien benutzen, obgleich sie diese Materialien nicht rational und direkt anzuwenden suchen, sondern auf freiere, plastischere, beinahe pittoreske Weise. Das gleiche hat sicherlich Kevin Roche beim United Nations Plaza getan. Eine sehr verbreitete Aufnahme dieses Gebäudes von East River, auf der das Sekretariatsgebäude der Vereinten Nationen links von dem neuen Hochhaus erscheint und das Chrysler Building zu seiner Rechten sichtbar ist, macht es deutlich: Roches Gebäude scheint trotz all seiner modernen Materialien beinahe ebensoviel phantastische Formen zu haben wie das Chrysler Building. Auf jeden Fall ist es mit Sicherheit nicht »rationalistisch«.

Aber nicht alle Architekten der neuen Generation von Hochhäusern, die Anfang der achtziger Jahre entstanden, sind so begabt wie Philip Johnson oder Kevin Roche. Häufig sind diese »spätmodernen« Hochhäuser, um die Bezeichnung von Charles Jencks zu benutzen, Formen, die nur um der Vielfalt willen gebildet wurden – ein Einschnitt hier, ein Vorsprung dort, ein Rücksprung hier –, und während dies ein langer Weg zur Befreiung von der Langeweile des Internationalen Stils sein mag, scheint er doch nirgendwo die gestalterischen Leistungen der großen Hochhausbauer aus den zwanziger Jahren zu erreichen. Ioh Ming Pei schien bei aller Finesse seiner frühen Hochhäuser etwas in Verlegenheit zu sein, als er versuchte, seine Formen beim Texas Commerce Tower, dem 70geschossigen Gebäude, welches das höchste von Houston sein wird, entscheidend zu variieren. Es ist rund und voller Einschnitte und Versprünge. Eine Seite ist aus Granit und die andere aus Glas. Das Ganze ist ziemlich widersprüchlich. Um ein anderes Beispiel zu nehmen: Eli Attia, ein früherer Partner von Philip Johnson, entwarf ein gläsernes Hochhaus an der Ecke Park Avenue (Nr. 101) und 40th Street in New York, das auf der Diagonale von seinem Eckgrundstück zurückgesetzt ist. Es wird sich auf 50 Geschosse ohne eine Abstufung erheben. Belebt werden wird es durch die seltsame Form der Geschosse – sie sind eine Mischung aus unterschiedlichen Winkeln, die in einer wie mit Flossen versehenen Gesamtgestalt resultieren. Laut einer aufwendigen Vermietungsbroschüre ist es »einmalige« Architektur. Aber die Architektur paßt, obgleich sie auffallend und sicher lebendig ist, nicht besonders gut zu dem vorherrschenden Kontext eklektischer Mauerwerksbauten der Umgebung, unter ihnen dem Bahnhof Grand Central. Es ist ein modisches, oberflächliches Objekt, und es besitzt nicht die Originalität und die Spitzfindigkeit des John Hancock Tower oder die respektvolle Bescheidenheit des durchschnittlichen Mauerwerks-Wolkenkratzers der zwanziger Jahre.

Das General Motors Building in New York von Edward Durell Stone und Emery Roth und Söhnen, 1968.

Andererseits gibt es auch Entwürfe, die sich ihrem architektonischen Kontext besser anpassen. Eine Anzahl von Glashochhäusern von Kohn, Pederson, Fox ist besonders bemerkenswert wegen der Sorgfalt, die der Massenverteilung und sogar den Materialien der umgebenden Bauten gewidmet ist. Projekte wie Wakker Drive 333 in Chicago und eine Reihe von Entwürfen für den Bereich Bunker Hill in Los Angeles sind geistvoll und doch respektvoll. Wenn sie kritisiert werden können, dann deshalb, weil sie beinahe zu ernst wirken und zu unruhig mit ihren Einschnitten in der Art der Park Avenue 101. Denn das Gebäude von Attia ist trotz seinem Anspruch auf Einmaligkeit tatsächlich bereits zu einer Gattung geworden. Seine wilden Verrenkungen fanden bei vielen anderen Bauten Nachahmung.

Swanke, Hayden und Connells Trump Tower, der 52geschossige Laden- und Wohnungsbau aus Glas für einen Bauplatz an der Fifth Avenue, der früher einmal von Bonwit Teller eingenommen wurde, ist ein weiteres Beispiel. Hier prallt das schimmernde Glas brutal mit dem alten Mauerwerk seiner Umgebung zusammen. Und eine Reihe von Versprüngen erzeugt einen Kaskadeneffekt, der, wenngleich sicher erregend, in Disharmonie zu den Formen und dem Charakter der umgebenden Bebauung steht. Seltsamerweise könnte in diesem Kontext der

Texas Commerce Center in Houston/Texas von Ioh Ming Pei.

Park Avenue, Nr. 101, in New York von Eli Attia.

langweiligeren Variante, einer Miesschen Kiste, der Vorzug gegeben werden – obgleich die äußerste Banalität des Olympic Tower einige Blocks weiter in der Fifth Avenue, fertiggestellt 1976 nach den Entwürfen von SOM, nahelegt, daß diese Alternative kaum eine glückliche wäre.

Der Entwurf für den Trump Tower wirkt als beinahe verzweifelter Versuch, eine Art Abstand zwischen die Vorstellung vom Wolkenkratzer und die der Kiste zu setzen – das Gebäude ist in alle Richtungen gezogen und gestoßen, um ihm eine Form zu geben. Swanke, Hayden, Connell und Partner wurden unter ihrem früheren Chefplaner Scutt zu einem der aktivsten kommerziellen Architekturbüros von New York, das eine Position einnimmt, die der von Emery Roth und Söhnen in den fünfziger und sechziger Jahren nicht unähnlich ist. Aber während Emery Roth den Bauträgern gefällig war, indem er Bauten produzierte, die formal einfach und direkt, sogar banal waren, basiert Scutts Erfolg auf seiner Fähigkeit, visuelle Spannung zu erzeugen – Formen zu schaffen, die andeuten, daß es dieser Architektengruppe schließlich gelungen ist, die formale Kiste zu überwinden.

Einen ähnlichen Impuls andeutend, jedoch in der Ausführung zurückhaltender ist Edward Larrabee Barnes' IBM Building, das sich an der Ecke der 57th Street und der Madison Avenue erhebt: Das Gebäude hat fünf Seiten, ist 43 Geschosse hoch und mit graugrünem Granit verkleidet. Die Verwendung von Mauerwerk ist erfreulich, ebenso der viergeschossige, wintergartenähnliche öffentliche Park, der sich unten in dem Gebäude befindet. Hier hat die neue

Wacker Drive, Nr. 333, in Chicago von Kohn, Pederson und Fox.

Trump Tower in New York von Swanke, Hayden, Connell und Partnern.

städtische Verpflichtung einen gelungenen architektonischen Ausdruck erfahren. Dieses Gebäude ist glatter, als ein steinerner Turm sein sollte, aber dennoch wirkt es insgesamt reifer, zurückhaltender in seiner Architektur als sein Nachbar, der Trump Tower. Die Kiste ist hier aufgebrochen, aber mit größerer Disziplin und Würde. Dennoch liegt auch hier die Bedeutung in der Abstraktion – man präsentiert reine Form und nicht viel mehr.

Die Architekten der neuen Gruppe von plastischen Hochhäusern haben ironischerweise ihre Anliegen nicht so weit über jene des Internationalen Stils hinaus erstreckt, wie sie ihr Publikum glauben lassen möchten. Sie sind immer noch überwiegend mit der Manipulation von Formen befaßt. Was sich gewandelt hat, ist, daß sie jetzt die Kisten der vorangegangenen Generation langweilig finden und nach etwas Lebendigerem suchen. Sie nehmen, um gerecht zu sein, im allgemeinen mehr Rücksicht auf die benachbarte Bebauung, aber diese Berücksichtigung ist nicht immer primärer Natur – häufig dient sie als Alibi für die stärkere plastische Behandlung der Kiste.

Ebenfalls ein Ergebnis des Trends zur Abstraktion ist das Bemühen einer Anzahl von Architekten, die Verkleidung oder die Haut der neuen Hochhäuser

Kleiner öffentlicher Park am IBM Building.

IBM Building in New York von Edward Larrabee Barnes.

Erweiterung des Museum of Modern Art und Condominium Tower in New York von Cesar Pelli und dem Büro von Edward Durell Stone.

zu variieren. Kevin Roche ist ein Anführer dieser Richtung mit dem United Nations Plaza Hotel, der Worcester National Bank und anderen Hochhäusern, ebenso Cesar Pelli, der einige Jahre Partner im Büro Gruen Associates war und jetzt ein eigenes Büro unterhält. Pellis Außenhaut der Erweiterung und des Condominium Tower für das Museum of Modern Art in New York – letzterer in Arbeitsgemeinschaft mit dem Büro Edward Durell Stone entstanden – ist eine subtile und feine Zusammenstellung von Glaselementen in verschiedenen Brauntönen, eine Komposition, die eines Mondrian würdig wäre. Dennoch ist sie keine reine Abstraktion – sie hat einen Vorzug, der Kevin Roches United Nations Plaza Hotel abgeht: Seine exquisite Verkleidung ist immer als Gebäude ablesbar. Sie erscheint niemals als bloße Komposition. Das gleiche läßt sich von Cesar Pellis Entwurf für Four Leaf Towers Condominium in Houston/Texas sagen, bei dem die Palette zu tiefen Rottönen wechselt und der gläserne Abschluß eine fast konventionelle Dachgeschoßform bildet, vermutlich um bewußt Wohnlichkeit zu symbolisieren.

Four Leaf Tower Condominium in Houston/Texas von Cesar Pelli.

Aber den neuen Verkleidungen ist, obgleich ihnen die Subtilität des Hochhauses vom Museum of Modern Art abgeht, eine Qualität der Feinheit eigen, der Festigkeit – sie sind so dünn wie nur möglich über ein Skelett gezogen, ohne Textur, ohne Tiefe. Die Fenster sind nicht zurückliegend wie bei den alten Mauerwerks-Wolkenkratzern. Man hat das Gefühl, daß das ganze Gebäude nicht Stück für Stück erbaut, sondern von einer großen Maschine ausgerollt wurde. Es ist der absolute Höhepunkt der Maschinenästhetik, welche die frühen modernen Architekten so sehr faszinierte. Jetzt ist die Maschine kein großes Tier mehr, sondern eine glatte, stille Kreatur. Es ist eigentlich keine Maschinenästhetik, sondern die Computerästhetik eines postmechanischen Zeitalters, in dem die Objekte keinen Lärm machen und keine klare, sichtbare Konstruktion aufweisen.

Helmut Jahn, heute der prominenteste Planungspartner im Chicagoer Büro C. F. Murphy, hat eine Anzahl provokativer Bauten produziert, die wie diejenigen von Roche, Barnes, Pei und Pelli die Vorzüge der Abstraktion geschickt ausnutzen. Jahns neuen Entwürfen, mit Ausnahme des soeben in Chicago fertiggestellten kühlen und klaren Xerox Center – ein gelungenes Beispiel für die

Computerästhetik und eine optisch erfreuliche Präsenz in der innerstädtischen Loop von Chicago –, ist es gelungen, die moderne Tendenz zur Abstraktion mit einer sehr realen und offenkundigen Bildhaftigkeit zu verbinden. Jahns Entwurf für den Nordwest Terminal Chicago hat oben auf dem Gebäude gestaffelte Berge von Glas, die wie ein Wasserfall wirken. Sein Projekt One South Wacker Building in Chicago ist ein 40geschossiger, zurückgestaffelter Bau mit einem Muster in der Glashaut und einem sorgfältig gestalteten Abschluß. Sein Entwurf für die Erweiterung der Chicago Board of Trade ist eine fast exakte Reproduktion in Glas der alten Handelskammer aus den dreißiger Jahren mit massigen Rücksprüngen und pyramidenförmigem Abschluß.

Jahns Bauwerk erinnert an den aktivsten und sicherlich meistdiskutierten Hochhausbauer unserer Zeit, an Philip Johnson. Zusammen mit seinem Partner John Burgee hat Johnson eine Reihe von Entwürfen produziert, die eine Herausforderung an die üblichen Vorstellungen dessen darstellen, was man von einem Hochhaus erwartet. Trotz seinen Erfolgen mit dem IDS Center, bei dem er den Trend zu einem sozialen Großgebäude setzte, und dem Pennzoil, mit dem

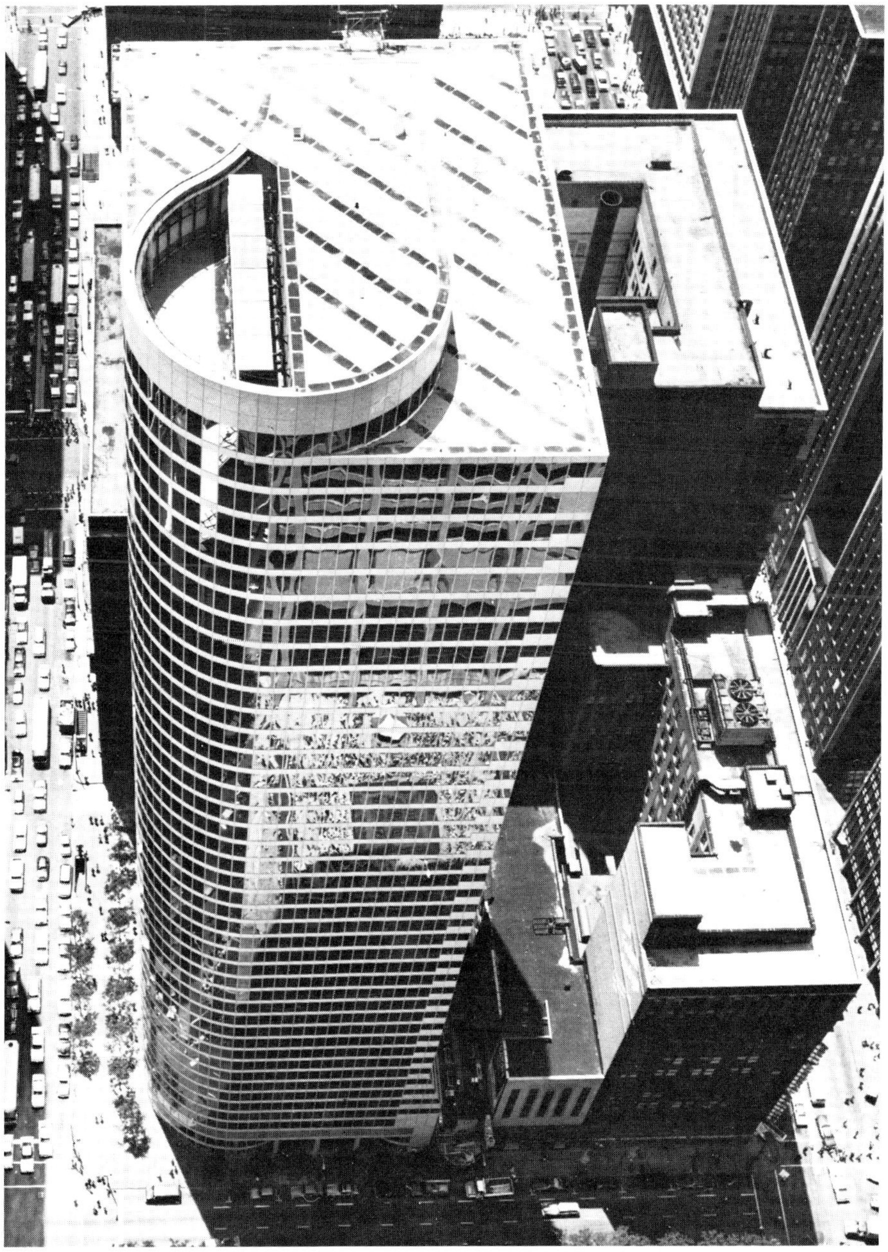

Xerox Center in Chicago von Helmut Jahn, 1980.

er eine Wende zum abstrakten Hochhaus vollzog, hat Johnson diese beiden Richtungen ungeachtet ihrer allgemeinen Beliebtheit abgelehnt zugunsten eines Bemühens, das am besten als eine Auseinandersetzung mit der Geschichte des Hochhauses zu bezeichnen wäre. Seine neuen Wolkenkratzer sind weniger plastisch als bildlich – es sind Kollektionen von Formen aus Hochhäusern der Vergangenheit, errichtet in modernen Materialien mit modernen Einrichtungen, für moderne Nutzungen. Seine am unverhohlensten historistischen Entwürfe – und sicherlich seine berühmtesten – sind die Hauptverwaltung der American Telephone and Telegraph Company in New York und die Hauptverwaltung der PPG Industries in Pittsburgh. Beide befinden sich jetzt im Bau.

Das AT & T Building hat den Vorzug, zu den umstrittensten Gebäuden seiner Zeit zu gehören. Es ist ein 37geschossiger Turm aus rötlichem Granit, der sich auf die für die geringe Geschoßzahl ungewöhnliche Höhe von über 160 Meter erhebt, einen gewaltigen gebrochenen Giebel als Abschluß und eine Reihe von klassizistischen Bogen an der Basis aufweist. Der mittlere Teil ist ein relativ

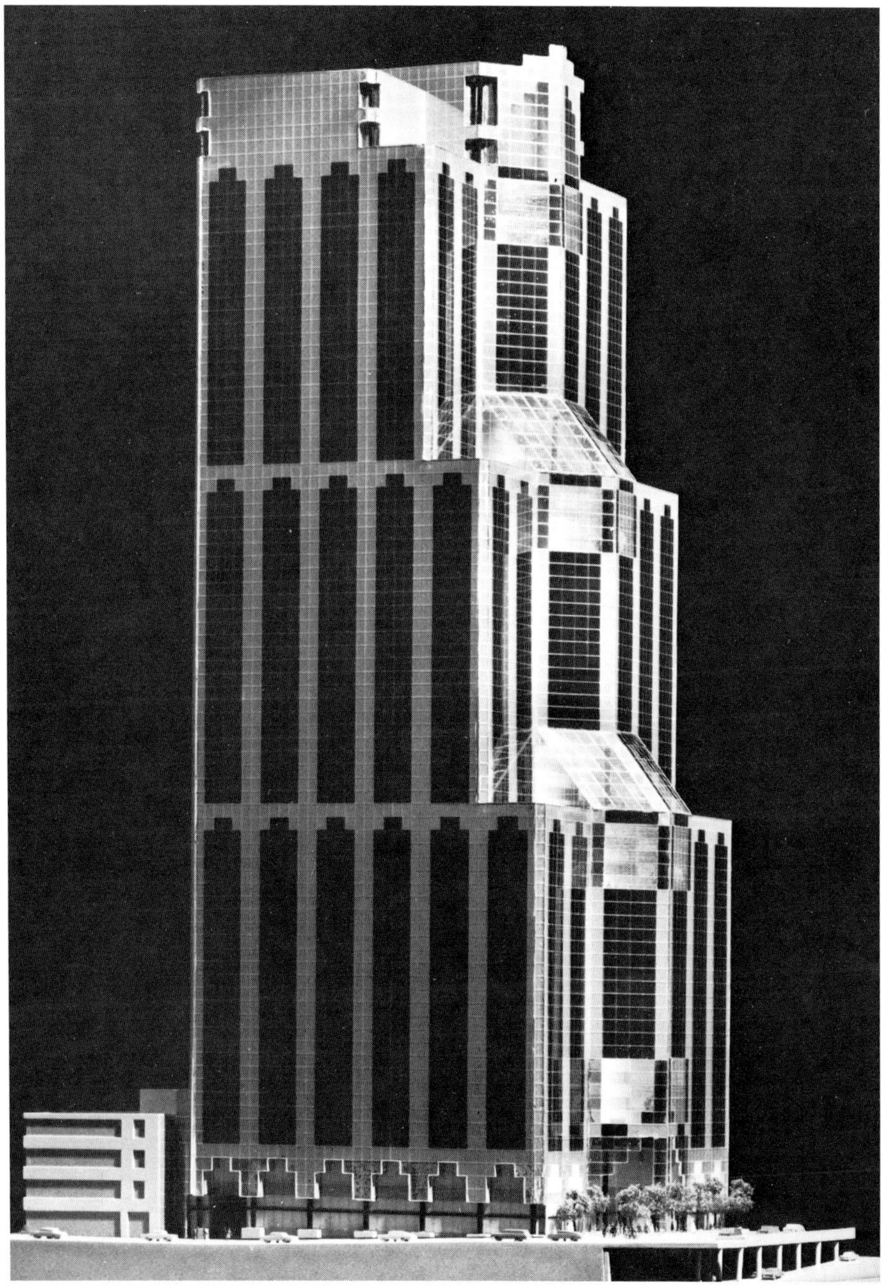

One South Wacker in Chicago von Helmut Jahn.

Der alte Board of Trade in Chicago von Holabird und Root, 1930.

Neubau des Board of Trade in Chicago von Helmut Jahn.

Das American Telephone and Telegraph Building in New York von Philip Johnson und John Burgee.

AT & T Building, Detail des rückwärtigen Eingangs.

konventioneller vertikaler Schaft, obgleich Johnson gern sagt, er gehe auf Raymond Hood zurück. Das Gebäude verblüffte die Redakteure der *New York Times* so sehr, daß sie eine Zeichnung davon auf der Titelseite ihrer Zeitung abbildeten, als der Entwurf im Jahre 1978 veröffentlicht wurde. Die öffentliche Diskussion, die daraufhin erfolgte, war – obgleich sie den Entwurf recht kritisch behandelte – beachtlich im Hinblick auf das Interesse, das sie bewirkte. Es schien, als ob jedermann, Laien und Architekten gleichermaßen, sich angeregt fühlte, etwas dazu zu sagen: »Abweisend, genüßlich, frivol . . . Dieser absurde Entwurf ist vielleicht eine logische Entscheidung für Jahrzehnte zugunsten eines zunehmend manieristischen Historismus«, sagte der Historiker James Marston Fitch. »Wenn Mies van der Rohe noch lebte, würde er diesen Entwurf mit nichts anderem als Abscheu betrachten«, schrieb Paul Gapp in der *Chicago Tribune*.

Die Diskussion schien durch eine Schockwirkung charakterisiert zu sein, als wäre die Öffentlichkeit – ganz abgesehen von den Architektenkollegen – unfähig, diesen Entwurf als einen ernsthaften Plan für ein Gebäude zu betrachten. Ironischerweise ist am AT & T Building vieles konventionell: Zum Beispiel ist es der einzige große Wolkenkratzer der neuen Generation in New York, der Geschosse in rechteckigen Standardformen haben wird anstelle von Parallelogrammen oder Polygonen. Aber die allgemeine Empfindung dieses Gebäudes als bizarr war nicht ohne Begründung – der obere Abschluß des AT & T Building ist häufig mit einer Chippendalekommode verglichen worden, und tatsächlich ist es schwer, diesen Vergleich nicht zu ziehen. Das Gebäude sieht wie ein Möbelstück aus oder wie ein aus kleinerem Maßstab vergrößertes Objekt. Man wird erinnert an Hans Holleins Fotomontage eines Rolls-Royce-Kühlergrills, den er vor die Skyline von Manhattan setzte. Der öffentliche Aufschrei über das AT & T Building basierte jedoch auf der Annahme, daß der ungewöhnliche Giebel deutlich sichtbar sein und das Gebäude als einzelnes Objekt wahrgenommen würde. Das trifft aber vermutlich nicht zu: Das AT & T Building steht an einer engen, dicht bebauten Straße (zu eng und zu dicht, zumal sie immer noch dichter bebaut wird), und sofern nicht mehrere umgebende Blocks abgerissen werden, wird der Giebel von der Straße aus kaum sichtbar sein. Am besten wird er von den anderen Gebäuden aus zu betrachten sein.

Dieser Abschluß mag auch von den benachbarten Hochhäusern aus natürlich immer noch verblüffend, ja grotesk sein, aber die Basis kann auch gut aussehen. Ihr Maßstab und ihre Details deuten eine Art städtischer Grandeur an, die bei keinem privat finanzierten kommerziellen Bau der letzten Jahrhunderthälfte erkennbar ist. Und Johnson und Burgee haben richtig erkannt, daß die Teile eines Gebäudes auch verschiedenen Herren dienen können: die Basis der Straße und der obere Abschluß der Skyline, und sie müssen nicht als ein völlig einheitliches Objekt erscheinen.

Aber sie bedürfen eines gewissen Zusammenhangs, eines Gefühls des Zueinanderpassens, ebenso wie guter Proportionen, und darin mangelt es dem AT & T Building. Das Gebäude wirkt ungeschickt, als ob die Teile wenig gemeinsam hätten. Es ist nicht das einheitliche Objekt wie die eklektischen Bauten der zwanziger Jahre, wie das Standard Oil oder das American Radiator Building – trotz der Tatsache, daß es aus dem Wunsch entstanden ist, deren Tradition zu entsprechen, aus der Erkenntnis, daß die entscheidende Qualität der New Yorker Skyline immer eine Theatralik oder Flamboyance besessen hat, die auf der Reinterpretation historischer Formen basierte.

Mehr Einheitlichkeit, aber auch mehr Theatralik besitzt das PPG Building. Logischerweise wurde die Hauptverwaltung einer Glasfabrik mit Glas verkleidet, aber im Gegensatz zur Abstraktion der meisten neuen Glashochhäuer ist es beinahe rein historistisch. Es soll ein gotischer Turm sein, vermutlich der Turm der Houses of Parliament in Westminister, aus Glas nachgebildet. Diesmal ist

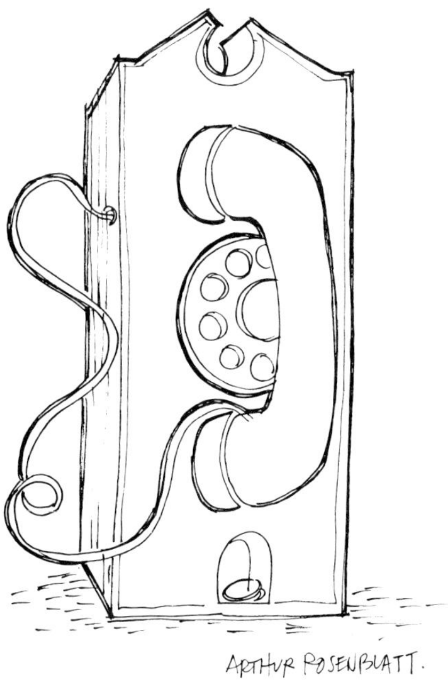

Ein Cartoon des geplanten AT & T Building von Arthur Rosenblatt.

nicht der Versuch unternommen worden, die ungewöhnliche Form im Hinblick auf die architektonische Tradition der Stadt zu rechtfertigen, deren Bestandteil er sein wird – dieser soll für sich allein stehen mit vielleicht der einzigen Begründung, daß ein Hochhaus, das dem 19. Jahrhundert im Stein gut erschien, sicherlich dem 20. Jahrhundert auch in Glas gut erscheinen sollte.

Die Zeit wird es erweisen. Aber so begrüßenswert die hinter diesen beiden Entwürfen stehende Erkenntnis ist, daß Hochhäuser zu der Kunst der Komposition und der Symbolbildung gehören, so schwierig ist auch in beiden Fällen das Urteil, ob der Entwurf geglückt ist. Der Romantizismus ist zu sentimental, zu leicht – Architektur, von Tschaikowski gemacht. Ähnliches läßt sich über Johnson und Burgees neue Hochhäuser für Maiden Lane in New York sagen, das eine Backsteinreplik der Festungsmotive der großartigen benachbarten Federal Reserve Bank von York und Sawyer darzustellen sucht. Der Romantizismus ist in Ordnung, die Imitation des Palazzo Strozzi in Form der Federal Bank verdient Respekt, aber es ist ungewiß, ob Johnsons Gebäude in einer ebenso respektablen Architektur oder nur in einem schwachen Abklatsch resultiert.

Es ist leichter, die weniger wörtliche Auslegung des romantischen Klassizismus von Ulrich Franzen zu akzeptieren, dessen neues Verwaltungsgebäude für die Firma Philip Morris in New York sich bemüht, klassische Formen auf eine Weise zu interpretieren, die ziemlich genau den Forderungen ihres Kontextes entspricht. Aber es ist kein besonders anmutiges Gebäude, und es äußert den Respekt für die umgebende Bebauung mit solcher Übertreibung, daß er zu der Absurdität unterschiedlicher Fassadenbehandlung an den beiden Hauptstraßen, an denen es steht, führt. Dennoch ist es ein ernsthaftes Gebäude, eine Eigenschaft, die den Hochhäusern der vergangenen Jahre abging, aber jetzt gewiß im Übermaß wieder auftritt.

Johnson und Burgees weitere Arbeiten reichen von einem ziemlich konventionell gestalteten runden Turm in San Francisco, beschnitten zu einer Anzahl von

Maiden Lane Tower in New York von Philip Johnson und John Burgee.

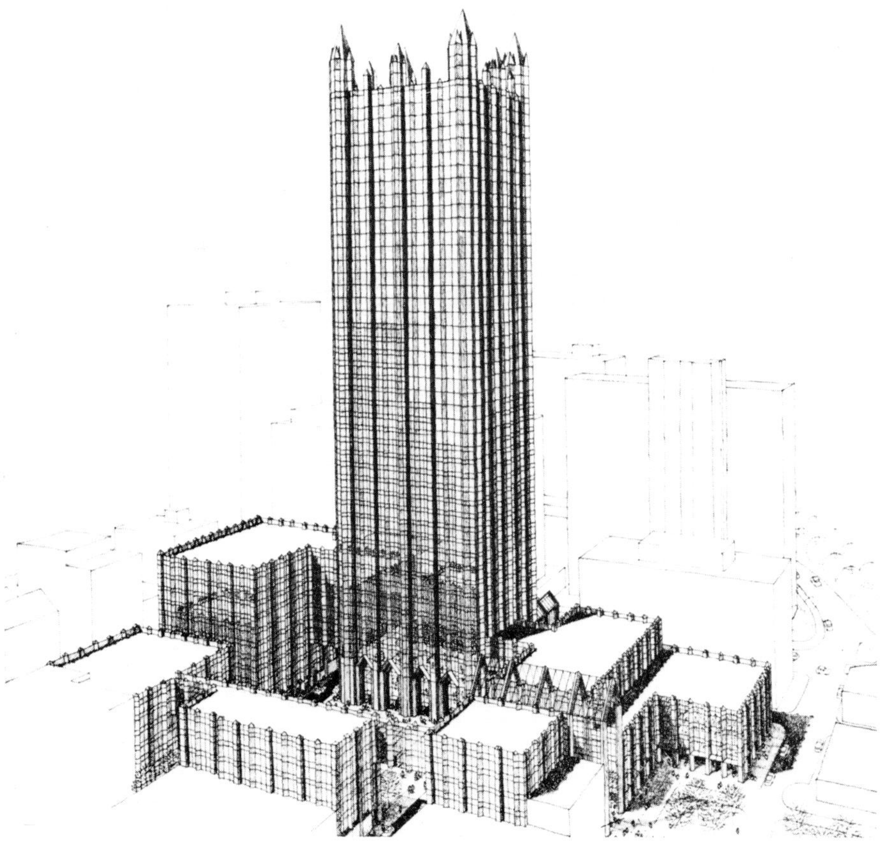

Hauptverwaltung der Pittsburgh Plate Glass Industries in Pittsburgh von Philip Johnson und John Burgee.

Facetten in der Manier, die das IDS in Mode gebracht hat, bis zum Republic Bank Center in Houston, das aus drei abgestuften Blocks besteht, die sich üppig zu einem Abschluß erheben, der an die romantischen, expressionistischen Silhouetten der dreißiger Jahre erinnert. Und als ob das nicht genug wäre, planen Johnson und Burgee für seine Basis einen riesigen Banktrakt aus Mauerwerk, der wie eine Kreuzung aus Richardson und Ledoux aussieht. Gewaltige Bogen und ein Giebeldach – ein altes Denkmal, nagelneu erschaffen, um als Eingang für ein modernes Hochhaus zu dienen, das auf die dreißiger Jahre anspielt. Es wird sicher eindrucksvoll sein, aber man wird hier wie anderswo den Eindruck nicht los, die Architekten seien so eifrig gewesen, uns ihre historische Ware kosten zu lassen, daß sie uns alles in einem einzigen Gebäude dargeboten haben. Weit einheitlicher und am vielversprechendsten von allen neuen Arbeiten von Johnson

Hauptquartier der Firma Philip Morris in New York von Ulrich Franzen.

Das Transco Building in Houston/Texas von Philip Johnson und John Burgee.

Das Panhellenic Hotel (heute Beekman Tower Hotel) in New York von John Mead Howells, 1928.

Republic Bank Center in Houston/Texas von Philip Johnson und John Burgee.

und Burgee ist ein weiteres, diesmal noch größeres Hochhaus in Houston – ein freistehender Turm aus Glas, genannt Transco, bei dem die vier Ecken progressiv abgeschnitten und zurückgesetzt sind, so daß ein großartiges Profil entsteht. Johnson gibt hier Einflüsse von Sir Edwin Lutyens und Bertram Goodhue zu, und es ist schwer, dabei nicht an das Panhellenic Hotel zu denken, das vom Fenster seines Büros aus zu sehen ist. Jedoch ist sein Gebäude keine Imitation jener Bauten, und es ist auch keine Nachahmung von Teilen anderer Bauwerke. Es ist eine komplette Integration von Bauwerken der Vergangenheit in ein frisches und klares Ganzes – ein Hochhaus, das eindeutig ein Wolkenkratzer ist, der keine verwirrenden Signale ausstößt wie das AT & T Building, und dennoch ein Gebäude, das unsere Vorstellung von dem, was Hochhäuser sein können, erweitert. Dieser Turm drückt Höhe aus und scheint dennoch fest auf dem Boden verankert zu sein. Es ist ein Entwurf, dem sowohl Lebendigkeit als auch Würde eigen sind – ein Entwurf, der aus der Vergangenheit gelernt hat und dieses Wissen dorthin übertragen hat, wo keiner es sich vorher hat vorstellen können. Es ist schwierig, beim Anblick dieses Turms nicht an Root, Sullivan, Goodhue und Hood zu denken. Keiner von ihnen könnte Transco geplant haben, dennoch wirken ihre Bauten seltsam im Einklang mit diesem.

Welche Vorzüge die Entwürfe dieser Periode auch immer aufweisen mögen, es erscheint sicher, daß die Architekten gerade jetzt einen Grad an Phantasie in die Hochhausplanung eingebracht haben, dem nur die Bauten der zwanziger Jahre ebenbürtig sind. In diesen beiden Zeitabschnitten hat es eine Tendenz gegeben, die Historie, häufig recht willkürlich, auszuschlachten, und hat die Kunst der Komposition eine entscheidende Rolle im Entwurfsprozeß gespielt. Beide Zeiten waren damit befaßt, Mittel zur Verbesserung der Wirkung der Durchschnittsbebauung auf das Stadtbild zu finden. Mit anderen Worten, die Schaffung einer Architektur visueller Stimulanz hat Priorität in beiden Perioden gehabt. In diesem Sinne scheint der Geist von New York über den von Chicago den Sieg davongetragen zu haben. Die Hochhaustradition von New York, der Vorrang des Pittoresken und des Flamboyanten vor dem Rationalen, scheint sicherlich zu einem Charakteristikum der achtziger Jahre überall in der Welt geworden zu sein.

Dennoch ähneln die Hochhäuser der achtziger Jahre offensichtlich nicht jenen der zwanziger, und es wird vermutlich auch in Zukunft nicht der Fall sein. Abgesehen von den gewaltigen technischen Unterschieden, erscheinen die Bauten der jetzigen Generation im Vergleich zu ihren Vorläufern sehr verkrampft und ungeschickt. Selten besitzen sie die Anmut und Sicherheit des Tribune Tower oder des American Radiator Building und beileibe nicht die des noch ein Jahrzehnt älteren Gebäudes, des Woolworth Building. Man spürt heute, daß die Geschichte nicht als Mittel der Kunst des Komponierens eines Hochhauses benutzt wird, sondern beinahe im Gegensatz zu ihr, wie beim AT & T, wo die historischen Elemente aus dem Gleichgewicht mit den Baumassen erscheinen. Mit seiner rechteckigen Form wirkt das AT & T Building wie eine glattere Kiste, als es wirklich ist. Und obgleich die historischen Bezüge an sich gelungen sind, erzeugen der Maßstab und die Kombinationen, die Johnson und Burgee für sie bestimmt haben, ein Gefühl der Disharmonie. Ist es der beabsichtigte Schock des Neuen oder lediglich die übliche unglückliche Erscheinungsform schlechter Komposition?

Johnson und Burgee scheinen beim Transco Building erfolgreicher zu sein, so daß es vielleicht nicht ganz fair ist, so lange beim AT & T zu verweilen – einem Gebäude, das trotz aller seiner kompositorischen Mängel eindeutig eine sehr kraftvolle, vielleicht sogar bewegende städtische Präsenz haben wird. Und das AT & T muß, wenn schon wegen nichts anderem, so doch wegen seines Status als das erste große postmoderne Monument, das die Aufmerksamkeit der

Öffentlichkeit auf sich gezogen hat, anerkannt werden. Dennoch ist es schwer, nicht eine gewisse Desorientierung in den heutigen Bauten vieler anderer Architekten zu empfinden, ein Gefühl, daß die historischen Elemente nicht voll im Einklang mit den allgemeinen Verhältnissen benutzt werden. Sie scheinen aus einem beinahe verzweifelten Wunsch entstanden zu sein, Alternativen zu der Langeweile der Miesschen Hochhäuser zu finden, und sie deuten nicht immer eine besondere dabei verfolgte Absicht an. Man spürt mehr Einheitlichkeit, ja Tiefgang in den computerästhetischen Türmen von Roche, Pei, Pelli und Jahn – hier scheint die Bildhaftigkeit, obgleich sie erregend zu sein vermag, eindeutig Objekten zu weichen, die Selbstsicherheit ausdrücken.

Diese beiden Richtungen – die historistische und die Computerästhetik – können sich dennoch vereinigen. Es gibt Andeutungen auf eine Verbindung im Transco ebenso wie in Projekten wie Jahns Chicagoer Board-of-Trade-Neubau. Sie ist auch spürbar in dem Entwurf Fountain Plaza von Zimmer, Gunsul, Frasca für Portland in Oregon, ein Hochhaus aus modernen Materialien mit einem schweren Fundament und einem pyramidenförmigen Abschluß. Im Umriß ähnelt es dem Heckscher Building von Warren und Wetmore aus dem Jahre 1925 an der Fifth Avenue in New York, nur kühler und glatter. Jedoch ist keines dieser Gebäude ausgeführt, und es ist immer gefährlich, zu viel aufgrund von Modellen und Zeichnungen vorauszusagen. Aber jeder dieser Entwürfe scheint aus einem Satz von Ideen entstanden zu sein, die, wenn auch komplex, sich zu einem zusammenhängenden und einheitlichen Ganzen verbinden.

Projekt Fountain Plaza in Portland/Oregon von Zimmer, Gunsul, Frasca.

Battery Park City in New York von Cesar Pelli.

Der vielleicht schönste Entwurf in dieser Richtung und ein so starkes Zeugnis für das Potential der Verbindung von historistischer und Computerästhetik, wie man es sich nur wünschen kann, ist Cesar Pellis Entwurf für Battery Park City in Lower Manhattan. Das Projekt ist riesig – es soll 6 Millionen Quadratmeter Bürofläche enthalten –, und Pelli hat vier dicke Türme aus Glas und Granit vorgesehen mit zahlreichen Abstufungen und niedrigen pyramidenförmigen oder überkuppelten Abschlüssen. Die Bauten werden in den unteren Geschossen weitgehend aus Granit bestehen, und bei jeder Abstufung ist mehr Glasfläche vorgesehen, buchstäblich eine Bewegung symbolisierend, die mit fortschreitender Höhe vom Historismus weg- und zur Abstraktion hinführt. Ermutigend ist die starke Verbindung, welche diese Bauten nicht nur mit ihrer Umgebung haben werden – es wird sorgfältig erhaltene visuelle Achsen geben, zum Beispiel daß der Blick von den benachbarten Bauten auf den Fluß nicht versperrt wird –, sondern auch mit der traditionellen New Yorker Bebauung. Die Abstufungen, das Mauerwerk, die dekorierten Abschlüsse der größten New Yorker Hochhäuser erscheinen hier wieder. Da weder das Transco Building noch der Board-of-Trade-Neubau in New York errichtet werden, scheint dieser Komplex dazu bestimmt, zum größten Bewahrer der New Yorker Hochhaustradition in unserer Zeit zu werden.

Bezeichnenderweise war es die enge Beziehung dieses Entwurfs zu dem traditionellen New Yorker Wolkenkratzer, die den Bauträger von Battery Park

City, Olympia and York, veranlaßte, Pellis Entwurf aus einem engeren Wettbewerb für fünf eingeladene Architekten, den die Firma 1980 ausgeschrieben hatte, auszuwählen. Dieser war kein Ereignis von der Bedeutung des Wettbewerbs für die Chicago Tribune, aber er bot einen bezeichnenden Überblick über die Situation, wie sie von mehreren Architekturbüros praktiziert wird, die aktive Rollen bei der zunehmenden Hochhausplanung übernommen haben: Edward Larabee Barnes, Architekt von IBM; Mitchell/Giurgola, ein sensibles und innovatives Büro, dessen Hochhaus Penn Mutual in Philadelphia aus dem Jahre 1976 eine besonders geglückte Nebeneinanderstellung zeigt: die eines neuen Hochhauses neben einem alten Wolkenkratzer; Hellmuth, Obata and Kassabaum, ein riesiges kommerzielles Büro; Kohn, Pederson, Fox, deren Hochhäuser zunehmend vielversprechender geworden sind; Davis, Brody, ein Büro, das vorwiegend wegen seines Wohnungsbaus bekannt geworden ist, und Zimmer, Gunsul, Frasca, die Architekten des Projekts Fountain Plaza in Portland.

Seltsamerweise versuchte nur Pelli, getreu innerhalb der Tradition der New Yorker abgestuften Wolkenkratzer der zwanziger und dreißiger Jahre zu bleiben, obgleich er diese weitgehend in Glas interpretierte. Kein Architekt bot eine einfache Kiste – 1980 hätten sie lieber ihre Diplome zurückgegeben –, aber die anderen Teilnehmer bevorzugten entweder recht zurückhaltende, beinahe langweilige Türme oder ausgefallene Lösungen. Barnes produzierte würdevolle Bauten im Stil der IBM mit diagonalen Schlitzen da und dort, während Hellmuth, Obata and Kassabaum eine Gruppe glitzernder Türme mit simplen Rücksprüngen an der Spitze darboten. Kohn, Pederson, Fox schlugen vier identische Türme vor mit jeweils einer runden Fassade nach Südwesten. Mitchell/Giurgola hatten

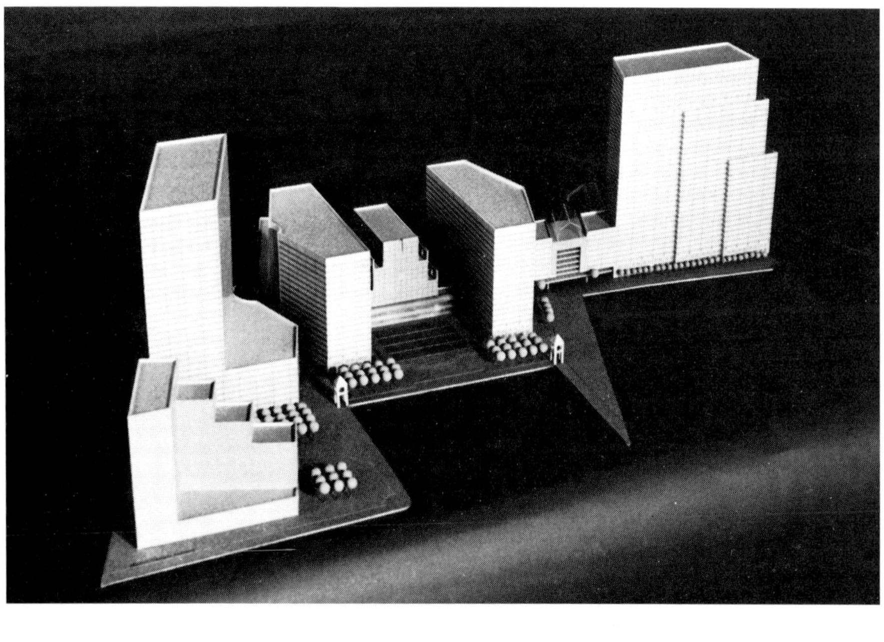

Entwurf für den Wettbewerb Battery Park City von Kohn, Pederson, Fox (oben).

Entwurf für den Wettbewerb Battery Park City von Mitchell/Giurgola (unten).

Zeichnung einer Passage in der Battery Park City.

das Gelände am besten erfaßt, aber ihre Bauten waren langweilig. Am Ende erschien nur Pellis Entwurf sowohl lebendig in sich als auch geeignet für dieses schwierige Baugrundstück.

Aber selbst die Qualität der Entwürfe wie Battery Park City, Transco und Board-of-Trade-Erweiterung bedeutet nicht, daß jeder Versuch, die Elemente des Historismus und der Computerästhetik zu vereinigen, erfolgreich sei. Weniger befriedigend, aber sicher verblüffend ist die geplante Hauptverwaltung für Hercules Inc. in Wilmington/Delaware von Kohn, Pederson, Fox. Hier hat ein massives Bauwerk, breiter als hoch, ein Mauerwerk-Fundament erhalten und ein verglastes Oberteil. Das Ganze sieht aus wie ein Überbleibsel aus dem 19. Jahrhundert, auf das ein kühler Abschluß in Computerästhetik gesetzt ist. Bei diesem Gebäude sind die beiden Bestrebungen unserer Zeit weniger verbunden als auf Kollision gezwungen, und das Ergebnis ist eine bizarre Mischung aus historistischen Sehnsüchten und modernen Neigungen, die alle ungelöst geblieben sind.

Visuell ebenso schockierend, aber subtiler in seinem Ausgangspunkt ist Michael Graves' Entwurf für das Portland Public Services Building, das sich jetzt im Bau befindet. Graves erhielt den Auftrag aufgrund eines Wettbewerbs, dessen Jury Philip Johnson vorstand. Zusammen mit Fountain Plaza wird dieses Bauwerk Portland zu einem Mekka für Studierende der Hochhausentwicklung machen. Das Gebäude von Graves ähnelt keinem anderen aus der Geschichte des Wolkenkratzers, obgleich seine ideologischen Andeutungen zu Johnsons historistischer Schule führen. Es ist schwer und kastenförmig, beinahe wie ein Kubus geformt, und sein Äußeres ist eine Mischung aus riesigen, übermaßstäblichen klassizistischen Elementen und einfachen, eingeschnittenen Fenstern. Die verputzte Fassade ist polychrom in Schattierungen aus Rostrot, Orange und Grau, und der Gesamteindruck ist der von klassizistischen Elementen außerhalb ihres Kontextes – plaziert in eine beinahe kubistische Komposition. Wenn dieses Gebäude irgendwelchen existierenden Bauten ähnelt, dann den ungewöhnlich hohen Lagerhäusern, die in den zwanziger und dreißiger Jahren in Manhattan gebaut wurden. Es hat die gleiche überraschende Mischung aus Nacktheit und aufgesetztem Detail. Dennoch ist es in der Tat kraftvoll – wenn es ein Gebäude in unserer Zeit gibt, das frische Überzeugung mit fester Selbstsicherheit ausdrückt, so ist es dieses.

Graves' Gebäude artikuliert nicht weniger als der Entwurf von Kohn, Pederson, Fox für die Firma Hercules das Problem, mit dem ein Architekt heute bei der Planung eines hohen oder sogar eines mittelhohen Gebäudes konfrontiert ist. Wie kann man einen einheitlichen Entwurf schaffen, wenn die grundlegenden Impulse für das Gebäude – die Notwendigkeit, dem Kontext zu entsprechen, der Wunsch, sich auf die Geschichte zu beziehen, und die Forderungen des Hochhausbaus – überhaupt nicht in Zusammenhang miteinander zu stehen scheinen? Wie kann man darüber hinaus einen einheitlichen Entwurf machen, wenn der Ausdruck einer neuen Technologie und auch des hohen Bauens nicht mehr bedeutungsvoll ist? Die Bauten in Portland und Wilmington sind nach den Maßstäben des 20. Jahrhunderts nicht sehr hoch, obgleich sie nach denjenigen des 19. immens wären. Auf jeden Fall ist es kein Ereignis mehr, ein Gebäude von großer Höhe zu errichten. Die höchsten Gebäude unserer Zeit sind ironischerweise, wie das World Trade Center, häufig die banalsten – alles, was sie zu bieten haben, ist eine Eigenschaft, welche die architektonische Phantasie nicht mehr zu entzünden imstande ist. Und die Technik scheint heute nur noch selten in der Lage zu sein, der Kreativität einen Impetus zu geben. Die meisten neuen Hochhäuser, die unmittelbarer Ausdruck kühner technischer Entwicklungen sind, Bauten wie Yamasakis Rainier Bank in Seattle oder Gunnar Birkets Federal Bank in Minneapolis, die an Pfeiler aufgehängt ist wie eine Hängebrücke, wirken exhibitionistisch und verkrampft. Nur die glatte Computerästhetik erscheint fähig, als technologischer Ausdruck unserer Zeit zu überzeugen – und sie ist mehr Symbol der Romantik der Technologie als buchstäblicher Ausdruck der wirklichen Technik des Bauens.

Hauptverwaltung der Firma Hercules, Inc., in Wilmington/Delaware von Kohn, Pederson, Fox.

Portland Public Services Building in Portland/Oregon von Michael Graves.

So gibt es eine Eigenschaft des Romantischen, die alle neuen Wolkenkratzer unserer Zeit verbindet, von Graves über Johnson und Pelli bis zu Roche. Alle Bauten sind unterschiedlich und die Arten der Romantik verschieden. Dennoch wendet sich in allen Fällen der romantische Impuls von seinen Manifestationen bei früheren Wolkenkratzern ab. Es ist nicht mehr die Höhe, die ausgedrückt wird – Graves' Gebäude versucht sogar, sehr breit auszusehen. Nichts könnte weiter entfernt sein von Sullivans Ermahnung, daß der Wolkenkratzer hoch, jeder Zoll von ihm hoch sein solle. Das Gebäude in Portland ist eine große dekorierte Kiste, sie wird beträchtliche Wirkung haben, aber sie ist sicherlich nicht Sullivans »stolzes und ehrgeiziges Ding«.

Ähnlich hat die Forderung nach Ausdruck der Konstruktion ihre Wirkung verloren. Sie überzeugt nicht mehr: Skidmore, Owings und Merrill mögen Chicago mit den großen X-Verstrebungen, welche die 95geschossige Fassade des John Hancock Center hinaufführen, erregt haben. Aber als Hugh Stubbins sich entschied, die ähnlichen X-Streben seines Citicorp Center hinter der Metallhaut zu verstecken, gab es keine Pfui-Rufe. Niemand empfand, daß Stubbins unehrlich war. Die gelungene Form, die daraus resultierte, war Ende der siebziger Jahre Rechtfertigung genug für diesen Akt. Und natürlich ist die Konstruktion vollständig verborgen bei den kühlen Bauten der Computerästhetik, die nicht einmal die Geschoßteilungen offenlegen. Sie romantisieren die Idee der postmechanischen Technologie, was eine völlig andere Angelegenheit ist als die Offenlegung der mechanischen Technik, mit der sie erbaut wurden.

Es besteht die Versuchung, vieles von dem, was heute passiert, nicht nur als romantisch, sondern als schwächlich abzutun – als manchmal sehr kostbare Spie-

Ansicht des Portland Public Services Building von der Parkseite.

lereien, von Architekten gefertigt, die nichts mehr wirklich Innovatives zu bieten haben. Der Wolkenkratzer ist nicht nur geboren worden, er ist gewachsen und hat sich entwickelt aus seinen starken theoretischen Anfängen über den Rationalismus der Moderne und dann zurück zu den heutigen Kompositionen aus architektonischen Formen um ihrer selbst willen, entfernt von den Forderungen und Bedürfnissen des realen Bauens.

Aber man kann ebenso dieses Moment in der Architekturgeschichte als eine barocke Blüte betrachten. Die Probleme der frühen Hochhäuser sind gelöst – wir wissen, wie man Bauten machen kann, die Höhe ausdrücken. So wenden wir uns der Integration konventioneller architektonischer Belange in den Hochhausentwurf zu sowie der Ausarbeitung von Hochhausformen, die sich daraus ergeben. Das scheint natürlich das gleiche zu sein wie das, was die Architekten in den ersten beiden Jahrzehnten dieses Jahrhunderts taten. Aber es war nicht genau das gleiche. Ihre eklektischen Wolkenkratzer waren Versuche, die moderne Technik unmittelbar in die historistischen Traditionen des 19. Jahrhunderts zu integrieren. Es waren keine postmodernen ästhetischen Aussagen, sondern prämoderne Bauten, geboren aus einer gewissen Unschuld, die aller amerikanischen eklektischen Architektur der ersten Jahrzehnte dieses Jahrhunderts eigen war.

Diese Unschuld haben wir verloren. Die Architekten von heute haben die Moderne geschmeckt – selbst diejenigen, die sie ablehnen –, und die Wirkungen sind spürbar in allem, was heute geplant wird. Dies ist eine Zeit, die der des Barock ähnelt – eine Zeit der ausgeklügelten und ironischen visuellen Tricks, der Üppigkeit und Genußsucht. Es ist eine Zeit des Exzesses, aber auch eine Zeit der Verheißung.

Hochhäuser im Bau in Midtown Manhattan, 1980.

Anmerkungen

Kapitel 1

Hochhaus kontra Stadt

Seite 13
Washington Monument: »Tallest Skyscraper to Stand on Broadway«, *New York Times,* 22. Febr. 1906.

Singer Tower, a.a.O.

Seite 16
Werbeschrift, W. Parker Chase, *New York: The Wonder City* (New York: Wonder City Publishing Co., 1932), S. 181.

Rem Koolhaas, *Delirious New York* (New York: Oxford University Press, 1978), S. 68. Koolhaas weist zu Recht darauf hin, daß der eigentliche Manhattan-Wolkenkratzer nicht vor, sondern erst nach der Jahrhundertwende entstand.

»Singer Tower Soon to Be in Second Place«, *New York Times,* 29. Dez. 1907.

Etwas Größeres, zitiert von Koolhaas aus *New York Herald,* 13. Mai 1906.

Seite 18
Höhe der Gebäude, Montgomery Schuyler, »To Curb the Skyscraper«, *Architectural Record,* Okt. 1908.

Seite 18–19
Vergewaltigung, a.a.O.

Seite 19
»Skyscrapers Bad for City«, *New York Times,* 3. Juli, 1908.

Steuer auf Hochhäuser, »Would Colonize the Skyscrapers«, *New York Times,* 7. Aug. 1908.

Seite 19–20
David Knickerbocker Boyd, »The Skyscraper and the Street«, *American Architecture and Building News,* 18. Nov. 1908.

Seite 21
Lüftung. Posts und Burnhams Ausführungen wurden auf einem Symposium über die Frage der Höhenbeschränkung von Wolkenkratzern am 4. April 1894 gemacht, das von der Architectural League von New York veranstaltet worden war. Diese Tagung, die auch einen Vortrag von Dankmar Adler, dem Partner Louis Sullivans, beinhaltete, nahm die nach der Jahrhundertwende auftretenden Diskussionen voraus. George B. Post, einer der bedeutendsten Architekten New Yorks, war ein früher und eifriger Gegner des uneingeschränkten Hochhausbaus.

Autoritär und absurd, »Tall Buildings«, *New York Times,* 13. Aug. 1906.

Seite 23
Den Park selber anlegen, Louis I. Horowitz, *The Towers of New York* (New York: Simon and Schuster, 1937), S. 153/154.

Henry James, *The American Scene* (New York: Charles Scribner's Sons, 1907), S. 75.

Kapitel 2

Die Anfänge in Chicago

Seite 25
Monotonie, Thomas Hastings, »High Buildings and Good Architecture: What Principles Should Govern Their Design«, *American Architecture and Building News,* 17. Nov. 1894. Die Beiträge dieser Broschüre wurden auf der Tagung des American Institute of Architects im Oktober 1894 vorgetragen.

The Tall Office Building, erstmalig veröffentlicht in *Lippincott's,* März 1896, häufig nachgedruckt, unter anderem in Louis Sullivan, *Kindergarten Chats and Other Writings* (New York: George Wittenborn, 1947)

Seite 27
Natürliche Formen. William Jordy liefert eine einleuchtende Erklärung für Sullivans Absicht als Gestalter von Ornamenten in *American Buildings and Their Architects* (New York: Doubleday, 1972), Bd. 3, zugleich eine allgemeine Einführung in das Werk Sullivans. Sullivans Ornamente sind – zumindest in Kürze – von nahezu jedem Architekturhistoriker behandelt worden, der sich mit seinen Bauten auseinandergesetzt hat, allerdings mit unterschiedlicher Akzeptanz: Anhänger des Internationalen Stils haben sie als nicht echt genug häufig abgelehnt. Sullivan selbst hat 1922 ein Buch mit dem Titel *A System of Architectural Ornament* vorbereitet, das 1924 posthum veröffentlicht wurde.

Louis Sullivan, *Kindergarten Chats,* S. 28–30.

Seite 29
»A Great Architectural Problem«, *Inland Architect and News Record,* Juni 1890, S. 68.

Seite 31
Winston Weisman bezeichnet im Kapitel »A New View of Skyscraper History« seines Buches *Rise of a New American Architecture* (New York: Praeger, 1968), S. 119, das Equitable Building als den ersten Wolkenkratzer im Hinblick auf seine Fähigkeit, die Höhe mittels Aufzug wirtschaftlich erstrebenswert zu machen.

Seite 32
William Archer, America To-day, 1900, zitiert in William Jordy, *American Buildings and Their Architects,* a.a.O., S. 45.

Seite 41
Vincent Scully, *American Architecture and Urbanism* (New York: Praeger, 1969), S. 110.

Kapitel 3
New York als Theaterschauplatz

Seite 46
New York Times, 10. März 1908.

»The Singer Tower Soon to Be in Second Place«, *New York Times,* 29. Dez. 1907.

Beide Hochhäuser sind abgebildet in Winston Weisman, »A New View of Skyscraper History«, in: *The Rise of an American Architecture,* S. 145.

Seite 52
Montgomery Schuyler, »The Towers of Manhattan, and Notes on the Woolworth Building«, *Architectural Record,* Febr. 1913.

Zitiert in Francisco Mujica, *History of the Skyscraper* (New York: Da Capo Press, 1977, Reprint der Ausgabe von 1929), S. 34.

The Cathedral of Commerce (New York: Broadway-Park Place Company, 1917).

Kapitel 4
Die Hochhäuser rücken zusammen

Seite 55
Henry-Russell Hitchcock, *In the Nature of Materials* (New York: Da Capo Press, 1975, Reprint der Ausgabe von 1942).

Seite 56–57
Ludwig Mies van der Rohe in *Frühlicht* 1/1922, abgedruckt in Philip Johnson, *Mies van der Rohe* (Stuttgart: Hatje, 1956).

Seite 57
Sullivan schrieb seine Kommentare in der Zeitschrift *Architectural Record,* sie wurden abgedruckt in dem von der *Tribune* veröffentlichten Bericht über den Wettbewerb in Buchform.

Manfredo Tafuri, »The Disenchanted Mountain«, in: Manfredo Tafuri und Georgio Ciucci, *The American City* (Cambridge: MIT Press, 1979), S. 402.

Seite 64, 73
Lewis Mumford, »The Search for Something More«, 1928. Reprint in: *Architecture as a Home for Man* (New York: Architectural Record Books, 1975).

Seite 73
Raymond M. Hood, »Exterior Architecture of Office Buildings«, *Architectural Forum,* Sept. 1924, S. 97.

Seite 79
Fred B. Humphrey und W. E. Hardy, 7. Juli 1920. Nebraska State Historical Society, zitiert in Henry-Russell Hitchcock und William Seale, *Temples of Democracy* (New York: Harcourt Brace, 1976).

Kapitel 5
Der Drang in die Höhe

Seite 100
»At 132 Stories Income Disappeared«, *American Architect,* Dez. 1929, S. 30.

Seite 102
Literary Digest, 11. Dez. 1926, S. 12. Thomas Hastings, »The City of Dreadful Height«, *Forum,* April 1927.

Seite 103
Zu den Londoner Verkehrsproblemen siehe »Skyscraper and Traffic«, *Literary Digest,* 5. März 1927, S. 21.

Le Corbusier, Quand les Cathédrales étaient Blanches, Paris 1937.

Seite 104–105
Zitiert in Henry N. Wright, »The Case for the Skycraper«, *Architectural Forum,* Dez. 1939.

Seite 105
W. Parker Chase, *New York: The Wonder City* (New York: Wonder City Publishing Co., 1932), S. 3.

Kapitel 6
Der Rhythmus der dreißiger Jahre

Seite 107
Vincent Scully, *American Architecture and Urbanism* (New York: Praeger, 1969), S. 154.

Seite 108
Henry-Russell Hitchcock und Philip Johnson, *The International Style* (New York: W. W. Norton and Co., 1966, Neuauflage der Originalausgabe von 1932), S. 43.

Seite 111
Robert A. M. Stern, George Howe: *Toward a Modern American Architecture* (New Haven: Yale University Press, 1974), S. 117.

Seite 113
Alan Balfour, *Rockefeller Center: Architecture as Theater* (New York: McGraw-Hill, 1978), S. 39.

Kapitel 7
Der Triumph der Moderne

Seite 119
Lewis Mumford, »Buildings as Symbols«, in: *From the Ground Up* (New York: Harcourt Brace, 1956), erstmals veröffentlicht in *The New Yorker,* 1947.

Seite 124
Phyllis Lambert, »How a Building Gets Built«, *Vassar Alumnae Magazine,* Febr. 1959.

Kapitel 9
Die Überwindung der Kiste

Seite 167
James Marston Fitch, »The Livable City«, Municipal Arts Society, New York, Juli 1978.

Paul Gapp, »The Livable City«, Juli 1978.

Bautenverzeichnis

Namenindex

Fotonachweis

Der Autor dankt folgenden Personen und Institutionen für die Erlaubnis zur Veröffentlichung ihrer Fotos:

Abbot, 109
Alcoa, 123
American Institute of Architects Foundation, 65
American Telephone and Telegraph, 12
Attia, 157 rechts

Barnes, Edward Larrabee, 160
Bancroft Library, Berkeley, 56
Beswick, 134 unten
Bettman Archive, 30
Bischoff, Karl, 143
Bischoff, Robert, 63 oben
Block, Leigh B., 68 links
Bourke-White Estate, Life Magazine 1934, 97
Brody, Davis, 148
Brooke, Alexander, 150 rechts
Brooklyn Museum, 140 oben
Brooklyn Public Library, 16
Brown Brothers, 108
Buffalo and Erie County Historical Society, 38

C.B.S., 128
Chase Manhattan Archives, 96 rechts
Champlin, Kenneth, 161, 162, 173, 175
Checkman, Louis, 138 unten, 160
Chicago Historical Society, 27, 29 unten, 31, 36, 37, 41, 43, 60, 122 unten, 144 unten, 165 links
Chicago Architectural Photography Co., 39
Chicago Tribune Photograph, 102
Citayana Gallery, 52
Columbia University, Avery Library, 29 oben, 73 oben, 91, 103, 118 rechts
Commission on Chicago Historical Landmarks, 24
Cooper-Hewitt Museum, 54, 64
Cserna, George, 132 links

Dunlap, David, 70 rechts, 83 links, 96 links, 132 oben, 141, 155 oben

Eastman House, 104 unten, 105
Emery Roth & Sons, 83 rechts, 118 links, 142 unten, 155 rechts
Empire State Building, 71, 101, 104 oben
Equitable Life Archives, 34
Ezra Stoller 119 oben, 121, 125, 126, 127, 147

Fisk University, 74 rechts
Franzen, Ulrich, 169

General Electric, 86
General Motors, 156
Georges, Alexander, 135
Globus Collection, 67 Mitte
Gorchev and Gorchev, 133
Gottscho-Schleisner, 120 links
Grasso, Americo, 165 links
Graves, Michael, 177, 179

Haas, Richard, 69 unten
Haines, Lundberg, Waehler, 153
Hedrich-Blessing, 26, 28, 32, 42, 122 oben, 145, 149, 166, 167 oben
Hirsch & Adler Galleries, 69 oben
Horner, Jack, 176
Hoyt/Esto, 154
Hyatt Regency, 136

Jahn, Helmut, 163, 164, 165 rechts
John Hancock Mutual Insurance, 146
Johnson/Burgee, 137, 138, 139, 140, 166, 168, 170, 171 unten

Kohn, Pederson, Fox, 158, 174 oben, 176
Kutnicki, Larry, 120 rechts

Landmark Society of Western New York, 66 links
Library of Congress, 15 rechts, 33, 35, 48 rechts, 49, 60 links, 62, 80, 171 oben
Lieberman, Nathaniel, 72, 178
Long Island Historical Society, 81

McAlonen III, 172
McGrath, Norman, 67, 150 unten
Mitchell/Giurgola, 174 unten
Movie Star News, 99
Murphy, C. F., 145 rechts